品读大连

居所寻旧

大连老建筑

晚述 著

大连出版社
DALIAN PUBLISHING HOUSE

© 晚述 2022

图书在版编目（CIP）数据

居所寻旧·大连老建筑 / 晚述著. — 大连：大连
出版社，2022.9
（品读大连）
ISBN 978-7-5505-1764-6

Ⅰ.①居… Ⅱ.①晚… Ⅲ.①古建筑—介绍—大连
Ⅳ.①K928.71

中国版本图书馆CIP数据核字(2022)第077377号

JUSUO XUN JIU · DALIAN LAO JIANZHU
居 所 寻 旧 · 大 连 老 建 筑

出 版 人：代剑萍
策划编辑：刘明辉　代剑萍　卢　锋
责任编辑：卢　锋　杨　琳　王洪梅
封面设计：盛　泉
版式设计：对岸书影
责任校对：李玉芝
责任印制：刘正兴

出版发行者：大连出版社
　　　地址：大连市高新园区亿阳路6号三丰大厦A座18层
　　　邮编：116023
　　　电话：0411-83620573 / 83620245
　　　传真：0411-83610391
　　　网址：http://www.dlmpm.com
　　　邮箱：dlcbs@dlmpm.com
印 刷 者：大连金华光彩色印刷有限公司
经 销 者：各地新华书店

幅面尺寸：170mm×240mm
印　　张：15.75
字　　数：280千字
出版时间：2022年9月第1版
印刷时间：2022年9月第1次印刷
书　　号：ISBN 978-7-5505-1764-6
定　　价：52.00元

目 录

烟台街建筑群

大连开埠的原点

融入大连这座城市好多年了，对她的喜爱也日渐深入内心，沉醉于这座城市青春、靓丽的外表，也迷恋于这座城市的历史底蕴为之附注的别样风情。循着历史的足迹，笔者对大连开埠的原点——烟台街进行探访。这里曾是大连100多年前"依港兴市"的地方，也是沙俄侵略旅大的历史见证地。

探寻：那一条街的"大连风情"

金色十月，秋风乍起。驱车探寻烟台街，按照几年前曾速览的印象寻去，行于胜利街上，竟然没有看到印象之中的那群灰乎乎的古老建筑群，见到的是一道长长的围墙。没寻到入口，只好循着围墙拐进一条小巷，依旧是长段的围墙阻隔视线，待到一处铸铁大门前，见旁边四个男子在街边打滚子，两个妇女在整理收来的废纸壳，一群老人闲散聊天……打听之下，一个老者伸手一指：大铁门内便是烟台街老建筑，现在进不去，正门在胜利街上。从铁门的栅栏向内张望，只见座座已然翻新或尖顶或平顶的红砖墙面墨绿屋顶的欧式独栋小楼，新铺的彩石路面，在阳光的映射下锃新而鲜艳。远处的几个沙堆和偶尔推车走过的建筑工人，似乎在昭示着工程进行中的当下状态。在老者的指引下，掉头回到胜利街上，终于寻到了烟台街老建筑群的入口大门。

行走于建筑群中，发现这里的建筑几乎都做了精心的修缮和改造，不见了在他处所见青石青砖配塑钢门窗的尴尬视觉。所见之处，俱是两三层红砖绿瓦的欧式建筑，哥特式的尖顶、圆拱状的窗户，门窗能看出尽力回归建筑设计本意，木质主框架结构，装上了现代的卷帘纱窗，漆成熟褐色……整个园区保持着原貌，却又重新装饰了青石地面，修葺了新的园林花草，新植的白桦整齐而笔直，与原有的老槐树张牙舞爪的姿态相映成趣。在园区的中心小广场，建筑了新的雕塑，还有喷泉流水的小景，构建了异域风情的格调。信步园区中，有一种时空穿越，踏步外国小镇的感觉。20多栋建筑没有一个是重样的，崭新而鲜艳，只是那些屋檐和栋梁上精工细雕的欧式花纹，出卖了它们的历史年轮，静心凝注，会依稀听见百余年前这里响起的东欧旋律。

每一栋建筑都是一道独立的风景。在一处高陡直尖的屋顶建筑门前，是一条独立的小路进出，抬头仰望，一棵老槐树努力地向天空中探出枝丫，仿佛在轻声诉说着这里的故事：曾有俄国官员在树下踱步，曾有日本铁路工人在树下打牌，曾有中国铁路职工在树下斗棋……恍惚之间，仿若看到三两个孩子嬉闹着从小路上奔跑而过，隐于另一栋平顶的建筑之后。

出了烟台街，再往俄罗斯风情街里转上一圈，陡然生出感慨：若从特殊的历史积蕴而言，大连的风情在全国自然是独树一帜的，而最具大连风情之地，自然非这一条烟台街莫属了。

探源：烟台街建筑群见证大连百年风雨

建筑是历史的实物见证。任何一个城市的建设起源，必然有着建筑痕迹可循。而大连建城初始的建筑遗迹正是这浸染着异域风情的烟台街建筑群。

根据史料记载，清朝光绪二十四年（1898年），沙俄与清政府签订了《旅大租地条约》。沙俄计划要把旅顺建成自己的军港，同时还要将其建成商港和近代港口城市。强租旅大后，沙俄政府便开始在大连湾谋划建城。1899年8月，沙皇尼古拉二世将这座尚未成形的港口城市命名为"达里尼"。萨哈罗夫被任命为达里尼市的第一任市长，也是建城的总设计师。沙俄政府幻想这里已经成为他们永久的土地，因此野心勃勃欲为帝国统治打造一座"东方的巴黎"——整座城市在总体设计规划上采用巴黎放射线型布局设计理念，按当时国际一流水准规划建设，还请来当时国际一流的建筑设计师参与规划和设计。据《大连市志·科学技术志》记载，当时建设之始除俄国工程师外，还从德国聘请了两名建筑师。

1899年9月28日，达里尼建设正式破土动工。城市被分为市街区、老虎滩区和沙河口区，而市街区又分为行政市街区、欧罗巴市街区和中国市街区。其中，最重要的规划地行政市街区位于今胜利桥以北，毗邻港口、火车站，又是市政厅所在，占据了重要的地理位置。城市建设从这里开始，也是从这最先完成的。因此，可以说胜利桥北近代建筑群是大连这座城市在近代最早建成的城区，而烟台街又是胜利桥北近代建筑群中的重要部分，这里就是大连城市的原点。

当年，这里是市政厅官员和东清铁路官邸以及铁路员工宿舍。因为有德国设计师的理念在内，所以建筑群尖顶平顶俱全，俄风德风兼备，虽然都属砖木混合的欧式建筑，但是风格绝不雷同，每栋房子都保持了自己的个性。沙俄政府一直把这里当成自己的土地，也臆想永远是这里的主人，因此在达里尼的俄国人，很多把家安在了这里。只是没想到的是，俄国人在达里尼的日子过得并不长。同样觊觎中国东北土地的日本人，在旅顺同沙俄进行了一场侵略者争殖民地的战争。

Yamashiro street, Tarien　　大連山城町

烟台街

循着历史的足迹,领略那一条街的"大连风情"

    1905年日俄战争结束,俄国人退去,烟台街建筑群被作为"日清铁路"官邸使用,满铁总裁后藤新平便居住此地。日本人并没有改变这些房屋的建筑风格,而是又新建了几栋小楼。一直到大连解放,胜利桥北地区这些建筑被划归铁路部门,这里才正式被命名为烟台街,作为铁路职工民居使用。

    烟台街老建筑群包括28栋老建筑,建筑群东与团结街相接,南侧和西侧分别以胜利街和烟台街为界,空中俯瞰,是一个三角形地块,根据官方数据,这里占地约3.14公顷。街区内现存的28栋历史建筑物中,有25栋为沙俄租借时期建造的住宅,建造年代在1901年至1905年,建筑样式为折中主义风格,同时具有俄国和德国民居色彩。另有3栋小住宅为日本建造的满铁职员住宅,其建造年代在1905年至1910年间,建筑样式基本上延续了原有街区的风格。一份《南满洲铁道株式会社住宅之政策》文献中记载,当初德国建筑师是按照德国城郊的房子设计的烟台街建筑,体量较大。日本殖民统治大连后,由于身材较矮看不到阳台,日本人在原有地板上加厚10厘米。这也是能查阅到的有文献记载的烟台街28栋楼房唯一一次"装修记录"。这些历史建筑经过百年沧桑,可以说是大连称之为城市最早建造的"市民住宅"。

过客：蒋介石入宿，张学良小住？

每一处老建筑，因其建筑、文化的魅力，以及特殊时期的身份归属，自然不会缺少"名人"的驻足。在大连某公司周秘书的引领下，笔者得以进入参观了园区入口处左手边第一栋小楼，内里形同迷宫一般，空间狭小，格局弯弯曲曲。在墙壁上，笔者惊讶地发现了一些宝贵的影像资料，除了几乎每一栋楼原始的面貌之外，有些照片下面标注了哪位名人在此居住过的记载。

逐个看过去，除了萨哈罗夫以及德国建筑设计师，以及日本要人的居所做了标注之外，还有一些建筑曾有中国名人在此居住过。这个发现令笔者比较兴奋，比如园区D1楼，是中国政治家、实业家、古建筑学家、工艺美术家朱启钤（1872—1964）的旧居。照片标注是，1908年朱启钤任东三省蒙务局督办时在此居住过。而笔者查阅资料发现，在时间和官职上确实都和朱启钤生平吻合，1910年他调任津浦路北段总办，由此推断朱启钤应该是在烟台街居住了两年。

园区D3楼，是中国近代资产阶级革命家、思想家朱执信（1885—1920）1904年留学日本之前在大连的落脚处。园区B5楼，标注的是"1904年蒋介石陪同同盟会元老陈其美，取道大连东渡日本前曾在此下榻"。但是过后笔者查阅蒋介石生平时发现，蒋介石是1906年年初肄业于龙津中学堂，4月东渡日本，入东京清华学校，结识陈其美等人的。在时间上有一些偏差，不过按照当时的交通条件，大连确实是东渡日本的首选。青年蒋介石取道大连赴日最好的下榻之处在当时确实只有烟台街。而蒋介石曾几次东渡日本，那么在烟台街下榻落脚是绝对不会错的。

园区B4楼，标注的是"1926年，张学良携赵一荻曾在此小住"。少帅与赵四小姐传奇般的爱情故事脍炙人口，牵动着无数人的心魄。而二人曾在烟台街居住的发现自然令笔者欣喜，因为此前并没有资料介绍他们二人曾在大连留下过爱情的足迹。但是经过资料查阅，笔者发现这里面还是有一些出入。根据张学良和赵一荻分别的生平年表对比发现，1926年的赵一荻只有15虚岁，尚未认识张学良，而其年26岁的张学良忙于京津地区政务军事，不太有可能来到大连。1927年，赵一荻与张学良相识并一见钟情，1929年发生了著名的"私奔"事件才"在一起"。从年代和活动推论，"1926年，张学良携赵一荻曾在此小住"的可能性不大。而张学良在1928年7月东北海军总司

烟台街建筑群

令部成立时，就任东北海军总司令，其时东北海军中的渤海舰队驻扎于旅顺口，张学良那一年很有可能在大连"视察"。而具体张学良携赵一荻是否共同或者究竟何时在大连居住，则查阅多种资料，也无从考证。

探访：老坐地户讲述烟台街故事

面对当下"封闭式"的烟台街，想直接入户探访当年的老住户自然是不可能了。经过多方联系，在西岗区站北街道团结社区人员的帮助下，顺利约访到了已经动迁离开这些老建筑的三位老坐地户，戴关木、练芳文和牟忠贵，他们都是铁路老职工。在毗邻烟台街的社区办公室，三位老人已都是耄耋之年。一打开话匣子就难以刹住，烟台街往昔的一幕幕田园式生活图景，在这三位老人口音各异的叙述中，鲜活地展现开来。

戴关木老人谈起在烟台街的生活，略有些激动，话语中充满了对烟台街的无限留恋。20世纪60年代初期，作为铁路职工，戴关木被安排到烟台街居住，一住就是近50年。2010年11月，老人才搬离烟台街，难舍半个世纪的感情，老人就近租房居住，"离不开这一片"，每日守望烟台街建筑群的修葺和变化，把烟台街的点点滴滴都深深刻在心底。

刚搬到烟台街的时候，戴关木说他很惊诧于这一片建筑的美，每栋房子都独立成院，都有一个单独的通道进出。尽管当时一栋二层的建筑，一共住了四五户人家，他那6平方米的家实在有些局促，但是并不影响这里职工住户的幸福感。二楼住人，一楼是公共厨房和厕所，邻里之间都是同事，没有陌生感，生活起来相互照应，亲切而方便。谁家做了好吃的，一楼人都能共享得到。

院内大树参天，修有花坛。喜鹊筑窝树上，清晨鸣叫，勾起人的喜悦心情。夏季，整个烟台街都花香怡人，树荫蔽日，混合炊灶油香，如若世外桃源。牟忠贵老人对此记忆最深刻的是在每年三四月份槐花开放的时节，他门口的大槐树上挂满了白色的花朵，香气醉人。小孩子摘槐花来生食，妇女们打下来包包子，餐桌上另有一番风味。而根据历史考证，烟台街建设初始，只栽种了梧桐等树木，日本人进驻之后栽种了槐树。练芳文老人谈起，铁路职工入住烟台街之后，出于个人喜好，有的栽种了松树，有的栽种了柿子树、杏树，一时之间烟台街变成了一个百树园。夏夜时分，大家走出屋门，把草席子往树下一铺，沏上茶水，天南海北聊着，"可好可好的"。说起往

不缺少"名人"驻足的小楼，曾留下多少过客的身影

俄风德风兼备的砖木混合建筑

绿叶掩映下的小楼，述说着往昔的故事

日烟台街的情境时，老人们都带着小小骄傲的腔调。

戴关木的房屋后来增大了面积，一双儿女在这里降生、成长，一住半个世纪。后来随着住户的需求增多，烟台街有限的房屋面积自然不够用了。从老人们相互之间的叙述中，逐渐可以勾勒出后期烟台街人丁兴旺的景象。因为"住"的需要，人们开始动脑筋，想办法扩容。盖小房成了烟台街新景，甚至有一处小房盖在了树下，把树围在了房屋的中间。这让人不禁想起《贫嘴张大民的幸福生活》中那有趣却又令人心酸的小小"树屋"。再后来因为这里生活设施落后，一些老住户搬了出去，房屋租给外来务工者居住，人口的剧增使得烟台街的环境变得差了很多。再加上建筑已经历经百年，建筑结构为砖墙承重，无任何抗震措施，外部墙体老化严重，存在较大结构安全隐患，出于对历史建筑保护的目的，遵循"全部保留，修旧如旧"的原则，由大连一家房屋开发公司对烟台街老建筑进行开发改造。2011年4月，烟台街旧建筑保护项目正式启动，该项目也被列为2012年市政府为民办的16件实事之一。老人们搬离了烟台街的老建筑，人走心不走，有的就近租住守望故地，有的即便搬远了也常回来看看，跟老邻居老朋友聚聚。谈及这里，几个老人略有伤感，甚至眼中能看到泛起的莹光。

如今的烟台街，翻新后的别墅式酒店已经开门纳客。

烟台街老建筑作为建城的原点，见证了大连开埠，在百年风雨洗礼中也一直静观大连城的历史变迁。未来的烟台街，作为大连市形成时间最早、风格最突出、艺术价值最高的历史街区，将成为大连新景，重新焕发文化活力，延续城市的历史印象，向世界展示"最大连"的风情！

文／王玲

老自然博物馆

收藏大连几代人的记忆

　　烟台街3号，它像一位饱经沧桑的老者，几乎与这座城市同龄。但即便是今天，我们依然不难从它残破的外表下，在脑际勾画出它当年的气派与辉煌。它有两个名字为大连人所熟悉：一个是达里尼市政厅旧址，另一个是老自然博物馆。站在俄罗斯风情一条街的尽头，那些古老的影像便断断续续地鲜活起来。

　　1898年沙俄强租旅大，次年8月，沙皇尼古拉二世宣布大连为自由港，同时将城市命名为"达里尼"（俄文意为"远方的"）。1898年冬，俄国著名的建港专家萨哈罗夫，被尼古拉二世征调回圣彼得堡，受命编制一座崭新港口的筑港计划。

　　第二年春天，被任命为达里尼港及城市规划建设总工程师的萨哈罗夫来到青泥洼。这名精力充沛的俄国人走遍了青泥洼附近的海岸和陆地，并在德国人盖尔贝的协助下绘制出达里尼市港口和城市设计方案。按照萨哈罗夫的设计，达里尼港以俄国黑海的敖德萨港为蓝本，城市建设以当时公认的世界上最好的城市法国巴黎为蓝本。街区设计由行政市街、欧罗巴市街、中国市街三部分组成。

　　1900年的达里尼行政市街俨然一个巨大的工地，优质的木材和石料及产自欧洲的装饰材料从海上源源不断地运来。1902年5月30日，市政厅建成投入使用。这是当时这座城市最雄伟的建筑：整座大楼呈"U"形的对称风格，白墙绿瓦，拱形门窗，装饰巴洛克式的精美雕刻，像精巧别致的积木，错落有致又庄重大方。

而就在一天前，萨哈罗夫刚刚接到尼古拉二世颁布的敕令，他被任命为"达里尼市长"。

市政厅前车水马龙，身着绅士服装的官员和华美盛装的贵妇进进出出。萨哈罗夫市长宽大的办公室里挂满设计图纸，市政厅前和大街上，一座座别致的小楼相继竣工：市长官邸、东省铁路公司轮船部、达里尼旅馆、莫斯科旅馆、商店、公会堂、工人俱乐部……

1904年2月，日俄战争爆发。当时的俄国人根本就没把日本人放在眼里，即使在日军偷袭旅顺口之前几小时，俄国太平洋舰队参谋长维特格夫特还在说，"战争打不起来"，甚至当天，旅顺的俄国海军还在狂欢。

傲慢的萨哈罗夫依然醉心于他"远方的"国际化大都市建设梦想里，

直到日军的枪炮声越来越近，才匆忙在行政官吏中组织了义勇队，配备枪支进行操练，准备保卫这个由他亲自打造的城市。金州南山战役后，俄军前沿阵地失守，消息传到达里尼后已是人心惶惶。5月26日深夜，萨哈罗夫突然接到俄旅顺要塞司令部的急电，命他在5月27日天亮之前，务必将达里尼市的俄国居民撤到旅顺。萨哈罗夫极不情愿地指示将港内的重要设备炸毁。

5月28日，日军占领达里尼港，俄国人开始放火烧毁行政市街。

虽历经大火，市政厅

残破的外表下，难掩当年的气派与辉煌

还是没有被彻底损毁。一年后，日本统治者按原貌修好，把这里作为辽东守备军司令部、关东州民政署办公地。第二年，这里移交给满铁，成为满铁的总社。其中设有地质调查所。

1923年，地质调查所大量收集东北各地自然标本和资料后，增设了陈列室，主要展示岩矿和部分古生物标本，并注明标本的产地、藏量、开采价值和用途等，只供日本少数上层人物观赏研究。1926年，由于展示的标本种类增多，陈列内容增加，收集标本的地域不断扩大，涵盖了我国东北及蒙古等地的多种资源，将陈列室改为"满蒙物质参考馆"。日本侵略者本着"展示各方面资源情况"的原则，使其以丰富的海洋生物、地质与矿物、古人类与生物、现代动物与植物标本和实物资料，成为当时"满洲"资源的缩影和研究地区资源的重要基地，正式对外开放，成为日本统治时期大连旅游观光的景点。1928年，在原建筑的两翼和后部扩建2000平方米日式建筑。1932年，在展示原有资源标本外，还增加了我国东北、蒙古等地的民俗陈列内容，并将馆名改为"满洲资源馆"。

1945年大连解放，这里被划归给中长铁路大连分局，易名为"东北地方志博物馆"，中长铁路科研所委托苏联地质专家叶果洛夫担任馆长，并对原有的陈列进行修整。1950年11月，中长铁路局将博物馆移交给大连市人民政府，更名为"东北资源馆"。1959年，在庆祝抗战胜利14周年纪念日这天，这里被正式定名为"大连自然博物馆"，并邀请当时担任中科院院长的郭沫若亲笔题写馆名。

老自然博物馆旧影

老自然博物馆

达里尼市政厅旧址

　　当时的大连自然博物馆建筑面积5100平方米，陈列面积2470平方米。珍藏着许多世界珍贵标本，如目前亚洲最大的黑露脊鲸外形标本，还有我国目前唯一的长须鲸外形标本等。自1945年解放后直到20世纪90年代中期，大连的学生几乎都由学校组织到这里参观过。那巨大的鲸鱼标本，屋里浓重的防腐药品气味，至今留存在他们的记忆里。

　　1997年，这栋建筑被国务院列为重点文物保护单位建筑。1998年自然博物馆迁到黑石礁新址，此地闲置下来。"50年代的时候，门前还立着一块两三米高的煤块……"生于1934年的安老先生是渔轮厂的退休职工，在烟台街居住了30多年，家的对面就是大连自然博物馆旧址。安老说，如今它成了这条街上最残破的建筑：玻璃大多破碎了，后来相关单位用三合板钉住了所有窗户。楼身上的涂料早已斑驳脱落，"80年代的时候大修过一次，原来的绿瓦都是紫铜的，拆下来后，换成了白铁的"。现在的楼顶严重锈蚀、残破，好多地方竟长出小树。透过西侧的铁门，看见院内杂草丛生，老树婆娑。在附近居住的刘先生说，春天的时候，他曾翻过围墙去取掉落的风筝，看到室内的楼梯多处塌陷了。

文／魏东平

大连美术馆

"童话小屋"迷住艺术家

大连美术馆（原大连艺术展览馆）坐落在今胜利街35号、俄罗斯风情一条街的入口处，街南北长五六百米，所处的南街口直对胜利桥。美术馆外观呈暗红色，整体建筑呈不对称模式。"××画展""××艺术展"是如今此建筑上最常见的字眼。在它还作为艺术展览馆使用的时候，笔者曾接触了这栋别具一格的老建筑。

前身是东清轮船会社

大连美术馆堪称近代欧式建筑的精品。主楼属砖混结构，西欧半木屋架式建筑。副楼风格为自由式，采用不对称的设计手法，建筑立面参差不齐，墙面高度与坡度不一，并有陡尖顶。因为它是用清水红砖砌筑，以白色条饰和隔石装饰，再加上山尖、边框、花台、阳台和各种门窗作为点缀，构成了别致惹眼的建筑外形。房屋主楼地上三层、地下一层，副楼地上、地下各一层。内设三个展厅（每个展厅150平方米）、两个展室，展线总长度150延长米。

小楼的前身是东清轮船会社，建于1902年，建筑面积为1400平方米。此建筑由德国人设计，俄国人出资兴建。时任艺术展览馆馆长王智远介绍说："它立面三层，呈暗红色，外墙运用格式结构装饰，坡形黑色屋顶有一处高耸的尖塔，整个建筑流露出浓郁的西欧哥特式民俗建筑风格，是大连市为数不多的优秀早期建筑之一。"

东清轮船会社前身是沙俄成立的中东铁路轮船公司，主要经营中东铁路和海上运输。中东铁路是"中国东清铁路"的简称。中国东清铁路是沙俄在清朝末期修筑的从俄国赤塔经中国满洲里、哈尔滨、绥芬河到达符拉迪沃斯托克（海参崴）的西伯利亚铁路在中国境内的一段。由满洲里经哈尔滨到绥芬河是中东铁路干线，全长1480多公里；由哈尔滨经长春到大连是中东铁路支线，称南满铁路，全长940多公里。中东铁路是沙俄为控制远东而在我国领土上修建的一条铁路。

除这栋建筑本身的历史悠久外，在它门前的胜利桥也是颇具历史意义的老建筑。王智远介绍说，此桥是三重桥，站在桥的侧面可以看到俄国人修建的、日本人重建的和中国人改建的影子。

1898年，沙俄在这里修建了大连历史上最早的栈桥——露西亚街木桥；1908年，露西亚街木桥被日本人拆除重建，改称日本桥。一名德国设计师将它设计成了米兰式钢筋混凝土连续五跨实腹无铰拱桥，成为中国早期为数不多的钢筋混凝土桥之一；1992年，大连市城建部门在桥两侧建造了两条钢结

坐落于俄罗斯风情街上的大连美术馆

日本殖民统治时期，这里曾是殖民机构所在地

大连美术馆的前身是胜利桥的标志性建筑

大连美术馆

构人行天桥，拆除了原有人行道，并重新铺筑沥青混凝土，也就是现在大家
熟悉的胜利桥。

　　露西亚街木桥作为交通要道在这里诞生，加之东清轮船会社等大规模的
行政区在这里建设，随之大连地区最早的市民居住区也在此略见雏形。所以
说，大连的城市建设就是从这里开始的。

日本北九州有个姊妹楼

沙俄殖民统治大连时期，现今的俄罗斯一条街被称为"工程师大街"。日俄战争后，1905年日本殖民统治大连，1906年至1908年，东清轮船会社办公楼成为大连民政署办公楼。王智远说："从1908年至1920年，史料中并无对此建筑的记载。而据民间传说，当时该楼作为大连俱乐部使用。1920年后，则为日本桥图书馆。1945年，大连解放后，它作为东北资源馆的组成部分，后来交地方政府管辖，由铁路部门接管，成为大连铁路局工人家属宿舍。"

当时，这座作为民宅的古建筑，虽有独特的外表，却失去了往日的风光，显得平凡了许多。王智远说："当时楼里住着十几户居民，跟普通的职工宿舍没有什么区别。长时间作为民宅使用，楼里已经陈旧不堪。1996年，为拯救优秀历史建筑，市政府拨专款按原型重建，并辟为大连艺术展览馆，于1998年5月正式开馆。现为全国重点文物保护单位。"

王智远说："追究重建的缘由来，也有一段民间传说。据说当年的市长赴日本的北九州访问，看到了一模一样的楼，经当地人介绍，日本北九州的那栋楼正是按照大连的这栋老

自由式风格造就小楼别样的风情

建筑兴建起来的，于是就回来按原型重建，和北九州的遥相呼应，称为姊妹楼。"早年作为铁路职工，韩正堂老人的家就在小楼附近。在这里生活了30多年的韩正堂回忆："因为学过工程制图，对这方面比较感兴趣，家离得又近，所以当时小楼重建的时候，我就时不时到那儿去看工人们施工，他们偶尔也会拿着图纸让我看看，小楼拆下来的石块和砖瓦都排上了编号，堆在道路两边，当时对这些原材料的再利用也是有一定准备的。如今小楼主楼的那个九角房顶，用的是原先的房顶，当时是用吊车加盖上去的，九个角极具特色，也是有一定的讲究的。"

韩正堂从前听老人们说起过关于小楼的很多故事，出于好奇他当时也曾走到拆了一半的小楼里四处观察了一番。"据说俄国人当时建此楼时，地下室有两个水牢，北面有扇大铁门。我进到楼里一看，确实看到了两个水牢，但是那扇大铁门始终没有被打开，据说铁门背后是个密道，可以一直通到黑嘴子码头。日本人在这儿的时候，有个高级军官就是从这个密道逃跑的，但这只是流传于民间的一些传说，并没有经过考证。"

"童话小屋"吸引着中外艺术家

据韩正堂老人回忆，其实小楼早在中华人民共和国成立以后，就曾被辟为展览馆。"那时时常从旅顺运来些文物在这里展出，我常去看，有一些文物古迹，还有展出的木乃伊，印象特别深刻。后来'文革'期间，停止了展出，小楼闲置下来，这附近的老百姓渐渐传说小楼里闹鬼，楼里没人敢待，因为走进去总能听到'咔嗒咔嗒'的声音。大家就说，因日本殖民统治时期，在水牢里处死过许多抗日志士……'文革'时，一伙红卫兵不信邪，住进了楼里，晚上，他们从里面竟捉出了很多大老鼠。原来，日本人撤走后，地下室里储存的大量粮食还在，老鼠可开斋了，大吃大喝，油瓶子倒了，老鼠的尾巴上沾上了油，窜来窜去，又沾上了灰垢，结成了疙瘩。'咔嗒咔嗒'的声音就是它们在楼梯上乱窜时，尾巴敲打铜质的楼梯箍条发出的响声。"韩正堂老人说，谣言破解之后，这里更加幽静了。

小楼作为大连艺术展览馆之后，一改往日的内敛，开馆20多年来，这里先后举办了"牛群摄影艺术展""日本现代工艺展""希伯来书法艺术展""中国首届人体摄影艺术展""朱乐耕陶瓷艺术展""中国三大名石

大连美术馆

展"等百余次展览，涉及书法、绘画、雕刻、陶艺、摄影、高级工艺品等六大类，展品19000余件。许多展览为大连市首次，许多展品堪称国家级乃至世界级精品。已有日本、韩国、以色列、土耳其、德国、法国、美国、朝鲜、智利等十余个国家的官方机构或个人在大连艺术展览馆举办展览。

文／马蓉

中山广场

压得住场的百年建筑群

很难有一个城市，能在一个广场上集中这么多有着百年历史的、风格各异的大型建筑。如今的中山广场有十大建筑，其中八座有着百年左右的历史，还有两座，一座建于1951年，另一座原来是英国领事馆，始建于1909年，于2003年在原址上重建了一座金融大厦，现在是广发银行和浦发银行的大楼。

中山广场1号

现址：中国工商银行大连中山广场支行

旧址：日本朝鲜银行大连支店

始建于1918年，建筑面积4925平方米，地上三层，地下一层，文艺复兴风格科林斯柱式建筑。

中山广场2号

现址：辽沈银行

旧址：大连民政署和警察署

建于1908年，二层砖木结构的哥特式建筑。日本殖民统治时期，大连最初的官厅建筑物。拥有钟表塔楼的建筑参考了欧洲市政厅的风格。

中山广场3号（原址已拆除）

原址是英国领事馆，1914年建成，是当时中山广场（大广场）上唯一的外国公馆。1995年拆毁，2003年建成大连金融大厦，现在有两家银行入驻。

中山广场4号

现址：大连宾馆

旧址：大和旅馆

始建于1909年，1914年建成，钢混结构的巴洛克式建筑，欧洲文艺复兴后期建筑风格。1945年10月27日，苏军在该馆召开大连各界代表会议，决定成立大连市政府。后改称大连宾馆。周恩来总理来连视察工作时曾在此下榻。

中山广场5号

现址：中国工商银行大连分行

旧址：大连市役所

大连民政署和警察署旧址

1915年始建，1919年完工，折中主义建筑风格。

中山广场6号

现址：中国交通银行大连分行

旧址：日本东洋拓殖株式会社大连支店

1936年建成，当时简约化的现代建筑在欧洲大行其道，此建筑受其影响，为新古典风格。

中山广场7号

现址：中信实业银行大连中山广场支行

旧址：大清银行大连分行

1909年始建，1910年6月竣工，由中国人设计承建。折中主义建筑风格。最初为清朝户部所设大清银行大连分行，1912年"中华民国"成立后，更名为中国银行大连分行。

中山广场8号

现址：大连人民文化俱乐部

1951年建成，由苏联专家小组设计，其外形设计风格采用的是二战后刚刚兴起的简约式对称设计，其内部采用的是大跨度圆形穹顶及欧式雕花式舞台拱形台口。是大连市解放后建设的第一座大型娱乐设施，是当时国内最为先进的剧场。

中山广场9号

现址：中国银行辽宁省分行

大连市役所旧影

横滨正金银行大连支店旧址

旧址：日本横滨正金银行大连支店

建于1909年，欧洲文艺复兴后期建筑风格。

中山广场10号

现址：中国邮政集团公司大连分公司

旧址：日本递信省大连关东递信局

始建于1925年，折中主义建筑风格。

大连的中山广场从建筑学角度来说，是一座露天的建筑博物馆。大连人对这座广场很熟悉，对广场上的十座建筑更是如数家珍，有人用画笔，有人用文字，无数次解读他们心中的中山广场。这个广场和广场上的建筑沉淀了大连建市之初的记忆。在我们历数这个名人故居、那个历史遗址时，真的不能绕过这里。

回到20世纪之初，从这里还是一片荒地时说起，说说荒地如何一步步成为城市的中心，说说十座建筑是如何一个个拔地而起，是谁建造了它们，它们又沐浴了怎样的历史风雨。

先有大广场后有广场上十大建筑

中山广场这个名字是从1945年日本投降后开始叫的，因纪念孙中山先生而得名。往前追溯，日本殖民统治大连时期，这里叫作大广场；再之前，1899年起这里叫作尼古拉耶夫斯卡娅大广场，很俄国的一个名字。因为名字太长太难记，人们简化了它，叫尼古拉大广场。在大连建市之初，这里还是一块荒地，俄国在大连的第一任市长也是中东铁路总工程师的萨哈罗夫和助手特莱寥辛工程师仿照法国巴黎城区的模式，在市中心修了圆形广场，然后向四面八方辐射出十条大街，这就是中山广场的最初形态。

尼古拉大广场连接人民路与中山路，直径200米，面积2.26万平方米。历经100多年的建设，这里的变化也就是不断地多出新的建筑，但是它最初的辐射状设计理念还完好地保存着，延续着。不必从高空俯瞰，你只要站在广场的中心，转一个圈，就能清楚地看到这十条街道，以及街道与街道之间矗立着的建筑。

萨哈罗夫还没有完成他的城市构想，就不得不离开大连。他离开大连时，中山广场上还没有一座建成的建筑。不知道，如果有，萨哈罗夫是不是会像火烧胜利桥市政厅那样一把火烧了中山广场。

中山广场的建筑是俄国之后的下一个侵略者日本人建设起来的。广场上建筑年代最早的一座大楼——大连民政署旧址，始建于1908年。那之后，广场上的建筑一座一座地增加，它们的建筑年代与日本侵华的脚步是合拍的。到日本投降之前，中山广场上已经有了九座建筑，它们是中山广场1号日本朝鲜银行大连支店、2号大连民政署和警察署、3号英国领事馆、4号大和旅馆、5号大连市役所、6号日本东洋拓殖株式会社大连支店、7号大清银行大连分行、9号日本横滨正金银行大连支店和10号日本递信省大连关东递信局。

空缺的中山广场8号是建于中华人民共和国成立后的1951年的大连人民文化俱乐部。

中山广场就是建筑的博物馆

对于中山广场周边的建筑群，大连理工大学唐建教授有着很深层次的研究，他说，中山广场的建筑群厚重感很强，给人感觉是压得住场。俄国强租旅大时，当初规划在市中心围绕圆形广场设计放射状道路，广场周边设政

中山广场旧影（局部）

府、邮局、银行等机构。然而，由于日俄战争中沙俄战败，规划未能实现。日本占领辽东后，在大连完成了俄国人的规划，将这里建成了行政中心。由于当时日本崇尚"西化"，所以中山广场的老建筑风格以当时欧美流行的折中主义建筑风格为主。

广场上的建筑，比如说5号的大连市役所旧址、7号的大清银行大连分行旧址、10号的日本递信省大连关东递信局旧址都是典型的折中主义建筑风格。从大清银行大连分行旧址上，可以清楚地见到这种风格的体现。它是砖混结构，地上三层，地下一层。立面采用对称式的设计，中间突出，两侧的屋顶为半圆形，中间为梯形，变化奇异，层次跌宕，极富神韵。

建于1909年的横滨正金银行大连支店，是典型的文艺复兴风格，此建筑出自满铁建筑课的太田毅之手，对面的大和旅馆也是他的手笔。横滨正金银行大连支店有着文艺复兴式的美丽圆顶，建筑立面为五段划分，窗楣作为断裂山花，造型别致，设计新颖。但是1910年9月完工时，却有人对这座建筑提出了批评，说它"局部结构太大，使人有大建筑被缩小之感"。

需要提及的是这些建筑的设计师们，设计大连民政署和警察署的前田松韵、设计大和旅馆和横滨正金银行大连支店的太田毅、设计大连关东递信局的松室重光、设计日本朝鲜银行大连支店的中村与资平、设计东洋拓殖株式会社大连支店的宗像主一，他们的身份大多隶属于关东厅或是满铁等殖民机

构，设计这些建筑的初衷也是为了更好地拓展日本在东北地区的经济和政治侵略。但就建筑本身而言，100多年后的我们，还是会感叹他们当年的创造力和想象力，那时的他们已经具有世界性的眼光。

百年前，这里是城市的金融中心

大连解放前，广场上九大建筑中的四大金融机构出身均不凡，所肩负的使命也巨大，在波诡云谲的辛亥革命和两次世界大战中，这四大机构在东北可谓翻云覆雨，几乎所有的政治经济活动的背后都有它们的影子。

四大银行的背影

大清银行大连分行，是四大金融机构中第一个在中山广场扎根的，和它同一年建设的还有日本横滨正金银行大连支店。这两家银行，一家背景是清政府，一家是日本大财阀。大清银行是中国银行的前身，当年，大清银行相当于清政府的中央银行，创立于1905年，始称"户部银行"，隶属户部，1908年改名"大清银行"。据《满洲开发四十年史》记述，大清银行最初的业务主要是发行银两票和银圆票，业务以汇款为主。辛亥革命后，大清银行改名中国银行，并在长春设立了东三省分行，而且也将业务拓展到了日本控制下的大连，在大广场寸土寸金的金融街上占得一席之地。

三家日本银行的老大应是日本横滨正金银行，在日本的军队入侵东北

之前，它就于1899年在营口设立了支店，这也是日本银行入侵东北的开始。当时的营口，银行业的老大是俄国的道胜银行。随着日俄战争的形势发展，道胜银行退出了营口，日本横滨正金银行却跟随着日本陆军的脚步侵入了大连、奉天（今沈阳）、旅顺、辽阳、铁岭、开原、安东（今丹东）和长春。

日本横滨正金银行采用的是银本位，因为关东都督府和满铁的结算都是以银圆为单位，所以在1906年，日本横滨正金银行取得了钞票的发行权，事实上成了中央发券银行，可谓风光无限。

日本横滨正金银行在东北地区风光了近20年，1917年的时候，日本政府收回了日本横滨正金银行发行货币的权力，日本朝鲜银行的"鲜银券"成为关东州和满铁附属地的法定货币，日本朝鲜银行取代了日本横滨正金银行办理国库金事务。也就是这个时期，日本朝鲜银行在中山广场上始建分行。日本朝鲜银行在1911年前叫韩国银行，实际上是日本银行，1909年随着安奉铁路的竣工，朝鲜与东北三省的贸易开始活跃，日本朝鲜银行继日本横滨正金银行之后在安东设置了支店，这也是它入侵中国东北的开始。日本朝鲜银行发行的银行券是金票（金本位），与日本横滨正金银行的银票不同，这也是八年后它取代日本横滨正金银行发行钞票的根本原因。日本横滨正金银行和朝鲜银行在中国东北打下了深厚的根基，甚至于溥仪在长春成立伪满洲国之后，两家银行还帮助伪满洲国筹建了满洲中央银行。

三大中枢银行中，东洋拓殖株式会社成立得最晚，成立于1935年，成立伊始就在中山广场兴建自己的支店。如同它名字中的"拓殖"二字，它与日本在东北三省的移民和拓殖是相伴相生的。它成立之初的资金是1500万日元，所支持的是迁移100万户的庞大计划，也因而东洋拓殖株式会社的业务主要是从事不动产和企业金融服务，鲜少涉及其他一般业务。

大和旅馆百多年来名人会聚

中山广场上的建筑中还有一家宾馆——大连宾馆。记得2009年，笔者在大连宾馆百年纪念时曾经造访过这里，那是在大连宾馆经理办公室主任邹晓帆的带领下。邹主任是1988年来到大连宾馆工作的，一直注意收集大连宾馆的历史资料，"尤其是1997年，大连宾馆要进行一次大规模的装修，我们想要找一些宾馆初建时期的资料，翻遍了大连市的各大档案单位，就差去日本查阅当年日本投降后带回国内的资料了"。

大连宾馆始建于1909年，竣工于1914年，建筑面积1.14万平方米。由日本人太田毅、吉田宗太郎设计。宾馆是钢筋混凝土结构，内部高大宽敞，门厅及大厅装饰风格华丽，正面是横竖分段，中间二、三层采用爱奥尼式扶壁柱。中心入口有绿色的拱式雨棚，造型既端庄稳重又富有浪漫情怀，属于文艺复兴风格的巴洛克式建筑。不论它的年代有多老，只要它坐落在中山广场的欧式建筑群中，就有一种持久的魅力。

这座始建于1909年的建筑曾经用过四个名字。建成之初，这里叫大和旅馆，因它隶属日本侵华机构南满洲铁道株式会社，所以名字充满了强烈的殖民色彩。从1914年至1945年这31年间，这里是日本殖民统治者休闲娱乐的天堂。1945年8月，苏联红军进驻大连，将苏军驻大连警备司令部设在了这里，3个月后，苏军警备司令部搬到了旅顺，这里改名叫作苏联国际旅行社。苏联接管大连期间，这里也曾经发生过许多历史大事，比如说，大连第一任华人市长迟子祥就是在这里被推选出来的。1955年夏天以后，这里改名叫中国国际旅行社大连分社，1956年，这里才正式定名为大连宾馆。改革开放后，这里留下了许多重要的历史时刻和国际文化交流的难忘记忆。

邹主任曾给笔者打印了一份名录，名录上面是1914年大连宾馆投入使用后接待过的百余位名人。从清末代皇帝溥仪到20多个国家的首脑，从国际巨

大和旅馆旧址

中山广场

头到文化名流，各个领域的人物罗列了长长的一串。

当年，溥仪下榻大连宾馆，就住在208号房间，如今这里依然保持着溥仪入住时的原貌。如果用五星级总统套房的标准来要求，这个皇帝曾住过的房间显得小了些。房间是个套间，加起来有30多平方米，一个卧室、一个会客室和一个浴室。屋顶是日式建筑特有的网格状，卧室里有一张紫檀木的双人床、一个梳妆台，还有一个大衣柜，柜子的把手是铜质的，被摸得光滑可鉴。溥仪在这里住了不久，就被送到了旅顺。

这个房间还住过一位名人，1952年，京剧大师梅兰芳来对面的大连人民文化俱乐部演出，其间就住在208号房间。

大连宾馆还有一项非常骄傲的纪录，那就是大连人民接管旅大之初，十位开国元帅中，除了刘伯承与林彪，剩下的八位都曾光临大连宾馆。1955年辽东半岛大演习，八大元帅齐集大连，经常聚在大连宾馆二楼东侧的小会议室，也给这里留下了温馨的记忆。

如今的大连宾馆拥有80多间标准客房，多间高标准的会议室。在二楼有一个很不起眼的小房间——馆藏室，里面藏着许多老物件。

"许多来宾馆住宿的客人对历史感兴趣，一听说这里有上百年的历史就想参观一下，于是我们就设立了这么一个馆藏室，对客人免费开放。"邹主任介绍说。这里原来是宴会厅演奏乐曲的地方，现在被隔出来，墙外的空间

中山广场（全景）

依然是大连宾馆最大的宴会厅。馆藏室的墙壁上挂满了大连宾馆的老照片，还有当年在这里举行婚礼的照片。"这五张照片比较特别，照片中的建筑看起来比较像，它们都叫大和旅馆，却分处东北三省的省会。大家都知道大连有两家大和旅馆，一个在中山广场，另一个地处旅顺，其实日本侵略中国时期，东北一共有五家大和旅馆，都隶属满铁，分别位于沈阳、长春、哈尔滨、大连和旅顺，除了旅顺的大和旅馆外，其余的四家如同一个模子刻出来的。如果你去过沈阳的中山广场，就会深有感触，就连门口的雨棚都是一个样式的。"邹主任说。

除了照片外，还有许多当时的银质餐具和日本人使用过的高尔夫球杆。餐具的上面无一例外地有一个满铁的标志。

1986年和1997年，大连宾馆先后有两次大的装修，虽然宾馆更为现代，但是也拆掉了很多东西。

大连人民文化俱乐部

大连人民文化俱乐部是广场最年轻的建筑，建于1951年。1945年大连解放后，大连市政府对中山广场进行修建和改造，加上园林人员的精心管理，广场每年都在改变面貌，但九大建筑物间夹一块大荒地的格局始终没变。这块荒地到底怎么处理？那时，大连市被国民党军队进行经济封锁，解决民生问题成为市政府第一要务，因而把建大楼的事搁置下来。

1948年年末，东北全境解放，大连市形势好转。1949年4月，时任大连市市长毛达恂开始筹建中山广场上的最后一座大楼。毛达恂请来苏联专家担任设计师，经常抽出时间到工地监督施工。当时原材料比较缺乏，特别是高档大理石。据毛市长的司机汪发成回忆："有一次，中山广场附近发现了日本人用来做墓碑的大理石废料，毛市长就把这些石料用在了盖新大楼上。"

新大楼建筑面积超过1万平方米，钢筋混凝土结构，二层楼式建筑，整体外墙用长方形青石造面，楼身长45米、宽41米、高33米，剧场舞台深16米，乐池面积30平方米，整个舞台是旋转式的，非常壮观。大楼外部造型和整个中山广场的建筑风格相合，显得非常协调，并独具新风。从那之后，大连人民多了一个文化活动的场所。

从天桥杂技团的首演到梅兰芳等名家的不断登台，再到现在每月若干场大型演出，大连人民文化俱乐部走过了70年的光辉岁月，留给大连人民的是一个个不能忘却的回忆。

文/杨鹏　薛丽丽

大连火车站

曾被称为亚洲第一车站

　　大楼 1935 年开始修建，1937 年 5 月竣工，与日本上野火车站同一个设计师。

　　作家素素曾经说过，"火车站是在场者"。

　　这句话如果投射在大连火车站身上，可以做这样的解读：它见证了 19 世纪末 20 世纪初列强们在中国东北的角力，也见证了第二次世界大战的风云；它见证了大连这个城市的时代变迁，也见证了普通百姓的离合悲欢。

　　如今，大连火车站已走过 80 多年的岁月，它陪着我们的城市一起栉风沐雨，它目送成长的背影满怀壮志地离开，也以温暖的怀抱欢迎游子的衣锦归来。

最早的站舍是座木头房子

　　大连火车站坐落在大连市中山区长江路 260 号，前有繁华的胜利广场、大商步行街，后有车水马龙的大菜市，东揽中山区，西拥西岗区，可谓通衢之地，繁华之处。

　　也许，大家并不知道，我们现在使用的这个火车站，并不是大连火车站的第一处站舍。官方资料显示，"1903 年中东铁路营业时设大连站，当时是大连支线上的一个小站，站舍规模较小，只是一处简陋的木头房子，沙俄统

如今的大连火车站

治时期把此处小站称为达里尼站。"

在出版于 1999 年的《大连近百年风云图录》里，笔者查阅到一张标记为"沙俄占领时期的达里尼站（1905 年）"的老照片，图片清晰，交错的铁轨延伸至远方，照片中有三个人物，居中的一位男士身穿西装头戴礼帽，另两位则是中式的装扮。图片中没有对他们的身份做介绍。三人的身后是整齐的木栅栏，照片的左上角依稀可见圆顶欧式风格的建筑于远处高高地耸立着。

19 世纪末 20 世纪初的中国东北，是沙俄和日本两个列强角力的竞技场，先是取得了甲午战争胜利的日本，因为"三国干涉还辽"被迫放弃了辽东半岛，取走了清政府为此支付的三千万两白银的赎金。

随后的 1898 年，中俄在北京签订了《旅大租地条约》和《续订旅大租地条约》，沙俄将旅大收入囊中。这两个条约，加上之前签订的《中俄密约》得以让沙俄将铁路修建至中国东北，中东铁路干线和支线形成了一个"T"字形的、全长两千五百公里的铁路网。

大连火车站就是这张铁路网上最南端的一个小站——达里尼站。大批的俄国工程师和家属沿着中东铁路远道而来，在远方的达里尼站下车，打量着这个东方的小渔村。随后的几年，他们在这里建港口盖房子，并以主人的傲慢姿态规划着这块土地的未来。

大连火车站

大连火车站早期站舍

然而，沙俄人没有想到的是，1904年日俄战争爆发，他们很快输掉了这场战争，失去了旅大，失去了他们梦寐以求的东方不冻港。

1905年，日本和俄国在朴次茅斯将中东铁路瓜分，以长春为分界点，长春火车站以南至大连的铁路权归日本。事隔十年之后的角力，卷土重来的日本人虽然没有完全吞下中国东北，却也咬下了最肥的一块肉。

1906年，南满洲铁路株式会社在日本成立，简称"满铁"。1907年，满铁总部迁到大连，拉开了其在中国东北近四十年的经济政治军事侵略的序幕。

大连火车站新站舍 1937 年落成

在日俄战争中，木头房子的大连火车站受到了损坏，日本人接手后，进行了重新修整，改称"大连驿"，但它依然是中东铁路上的一个小站，日本人的重点还是放在经营旅顺口这个东方军港上。所以，我们看同时期的大连与旅顺口的两处火车站站舍，大连驿相较于旅顺口火车站的洋气和堂皇，显得土气而落寞。

有资料显示，这处简易的站舍使用了30多年的时间。火车站新站舍的修建还有一个小插曲。原来早在1924年的时候，满铁就动了扩建大连火车站的想法，并在当时组织了大连火车站设计方案的竞选，最后小林良治的

方案中选。可是，设计方案出台之后，没有立即投入工程修建，而拖延了11 年，直到 1935 年才开始动工。

有历史研究者指出，之所以 1924 年没有修建新火车站，是因为当时满铁资金紧张。直到战争迫在眉睫，支撑一场侵华战争需要运送大量的战略物资，这才将新火车站的修建提上日程。经过两年的建设，新火车站于 1937年 5 月竣工，并于同年 6 月 1 日举行了落成庆典。大连火车站新站舍落成后的第 36 天，日本侵略者蓄谋挑起了七七事变。大批的战略物资从大连火车站出发，被运送到侵略前线。

曾被誉为亚洲第一车站

大连火车站新站舍的整个修建过程留下了相对多的影像资料，从搭着脚手架的工地现场，到新站舍落成庆典时的标语，再到大连站前分四列车队等候接送客人的出租车，无不显示了这个曾被誉为亚洲第一车站的规模和气度。

这些影像资料中，尤其让人眼前一亮的是一组贵宾室、妇人"待合室"和三等"待合室"的照片，可见当时的大连火车站管理已经开始具备了现代服务理念。三等"待合室"的照片上，能够看到 15 米高的天井，旁边还有着像极了棕榈树的高大植物。

大连火车站

建筑风格：被称为现代主义建筑的优秀作品

2007 年出版的《大连掌故》一书，有一段提到大连火车站的修建：大连火车站的工程设计是太田宗太郎，他是日本上野火车站的设计者，大连火车站是上野火车站原型的放大。建筑面积 14118 平方米，其建筑规模和现代主义建筑风格在大连建筑史上名列前茅。大连火车站地上四层，地下一层，车站设计很好地解决了人与货、进与出的诸多矛盾关系。候车大厅 2031 平方米，高大、空旷，解决了人声喧杂的问题，并且与售票室、餐厅、货栈、检票口合理连接。软席旅客候车室 193 平方米，贵宾候车室 129 平方米。天桥长 63 米，地道长 85 米，站台长 19115 米。车站两侧的坡道可使汽车直达二楼，乘客可免徒步之劳。坡道的造型也很新颖，恰似巨大的鸟翼要带着旅客展翅飞翔。

确如作者韩悦行老师在书中写的一样，大连火车站被称为 20 世纪 30 年代现代主义建筑的优秀作品，它与几公里之外的关东州厅（现大连市政府）一起被誉为"大连现代主义建筑的双姝"。两座建筑落成时间仅相隔一个月，大连火车站在庆祝典礼上也同时庆祝了关东州厅的落成。

回过头来再说说大连火车站的设计者太田宗太郎，他当时任职于满铁工事建筑课，他的作品除了上野火车站、大连火车站，知名的还有奉天宾馆，也就是现在的辽宁宾馆。

据说，太田宗太郎设计的这种"将上下车的乘客出入口立体性地分割开来"的建筑方式后来被好多大车站模仿，其中就有北京车站、上海车站、天津车站和沈阳车站等。

很多去过上野火车站的网友也将两地火车站的照片放到一起比较，两个火车站在设计上确实一脉相承，而大连火车站从规模来说更大一些。

80 多岁的火车站故事多

大连火车站产生之初，因为被侵略者一手操纵，所以它与第二次世界大战的起承转合紧密相连，正合了那一句"看着它起高楼，看着它宴宾客，看着它楼倒塌"。1945 年 8 月 15 日，日本投降后，大连地区铁路由苏军代管。1952 年 9 月，苏联政府将铁路移交给中华人民共和国政府。

大连火车站也出现过许多国家领导人和文化名人的身影。比如国家领导人周恩来、邓小平，比如京剧大师梅兰芳，以及末代皇帝溥仪等。

大连火车站广场也上演过许多故事。2017 年春节，大连博物馆举办了一次城市照片展，展览中有一张大连火车站的照片受到许多人的关注，照片是摄影家郝华臣于 1968 年拍摄的大连火车站，照片中巨大的毛泽东雕像曾经是一代人的记忆，有着鲜明的时代烙印。现在的火车站广场已经难觅这座雕像的身影，所以照片显得尤其珍贵。

作为摄影记者，郝华臣的职业生涯不止一次地拍摄过大连火车站，在他的摄影集中，还有一张大连火车站的照片令他印象深刻。照片拍摄于 20 世纪 70 年代，他说："当时为了拍摄这张照片，曾调用了消防队清洗站前广场，还调来了三辆上海牌轿车。"

21 世纪初，原铁道部、大连市政府和沈阳铁路局共同出资对大连火车站进行改造和扩建。改建后的新站舍由南站房、高架候车室和北站房三部分组成，建筑面积 30000 平方米，站房面积 24000 平米，可同时容纳 6000 名旅客。它依然是大连最重要的交通枢纽之一。

（老照片选自《大连近百年风云图录》）

文／杨鹏

大连火车站

团市委楼

军阀孙传芳曾在此隐居

　　漫步南山风情一条街，不由会为这里的幽静、淡雅所着迷。沿南山北麓顺势而行，在一幢幢以日式风格为主体的别墅中，有一栋欧式洋房，堪称南山建筑群中的经典之作，这里便是南山街10号。此建筑建于20世纪20年代，虽然它的原主人不详，但有一个并不讨人喜欢的军阀孙传芳曾居于此，故而被列入大连市第一批重点保护建筑的名单，这个建筑就是孙传芳的旧居，现在的团市委办公楼。

出自日本建筑师之手的欧式建筑

　　平屋顶，欧式瓦，斑驳的土黄色楼体，掩映在门前的两棵洋槐树下，一面五星红旗在绿树的映衬下随风飘展，走近南山街10号，这栋欧式花园别墅，庭院外的大门上悬挂着"中国共产主义青年团大连市委员会"的牌子，如今这里作为大连团市委、大连市青联的办公楼，2002年被列入大连市第一批重点保护建筑的名单，2003年被评为大连市第五批市级文物保护单位。

　　作家素素在《永远的关外》一书中这样写道："南山街10号，原是一座欧式花园别墅。建筑外观用了欧洲近代古典手法，整体和局部多次使用三段处理，爱奥尼克柱式，塔斯干柱式，弧形山花，半弧形门廊，柱、券组合，三个手法装饰同一套窗户，使整个建筑显得气派十足。它的内部也极其讲究，

副楼一侧的拱窗上以粗糙毛石做窗套

时光过去了近百年，木质的楼梯，木质的雕花栏杆，木质的门窗，以及天棚的花饰和吊灯，地上铺的马赛克，仍不改当年的精美和厚重。"

这栋老宅建于1925年前后，建筑面积1280平方米，楼体以入口处居中的门厅为中心，两根爱奥尼克石柱贯通二层，墙面以此为轴向两侧展开。主体部分高三层，副楼高二层，副楼一侧的拱窗上以粗糙毛石做窗套，层

1933年时老宅的面貌

与层之间以腰线划分。其独特、别致的建筑结构，成了一些建筑学家研究的对象。笔者采访之时，听大连史志专家孙玉老先生这样说："我在收集老建筑的资料时，曾请教过建筑学家一个问题：如何辨别日式建筑和欧式建筑？专家教给我两种最易辨别的方式，一是，日式建筑是尖屋顶，欧式建筑是平屋顶；再是，日式建筑一进门处设有玄关，这是为方便换鞋的地

037

两根爱奥尼克石柱贯通二层

方，欧式建筑则没有。"

显然，这栋老宅符合建筑学家所说的欧式建筑最基本的两点，那么它为何会出现在日本殖民统治时期呢？孙玉老先生根据史料做了解释："早在19世纪末，作为殖民者的俄国人就在他们设计的大连市规划图上，将南山北麓规划为高级住宅区，然而这一切还没来得及实施，日俄战争爆发了。战争过后，这块预留好的地皮连同规划好的图纸一起，统统落入了日本人的'口袋'，于是日本人将俄国人未完成的'心愿'变成了现实。而当时设计洋房的日本建筑师是一些从西洋求学归来的学生，这里俨然成了他们大展拳脚的试验场，他们或复制或模仿，将南山一带赋予了一种异国情调，成就了所谓的和风欧式建筑特色。日本人在道路两旁栽上洋槐，还以他们喜爱的树给这里的街道命了名：楠町（今中山区望海街）、桂町（今中山区桂林街）、枫町（今中山区枫林街）、樱町（今中山区七七街）。"

落难军阀孙传芳携家眷隐居于此

这里因是北洋直系军阀头目孙传芳避难所而得名孙传芳旧居。

1926年，孙传芳的"联军"主力在江西的南昌、九江一带被国共合作组成的北伐军打垮。走投无路的孙传芳投靠了张作霖，决定与奉军联合。1928年6月4日，张作霖在由北京返回沈阳途中被日本人炸死，东北军从关内撤退，孙传芳就这样来到了东北。张作霖死后，少帅张学良开始主政东北，张学良对极具谋略的孙传芳很是客气，给他提供居所的同时，还在帅府内专门为其置办了办公室。孙传芳每日都要到帅府办公，他涉猎史书，谈起中国历代盛衰兴亡滔滔不绝，所以张学良愿意就军事、政治与他进行商谈。但孙传芳出于军阀的本性，根本不顾及国家民族的安危，只着眼于军队和地盘的争夺。面对张学良的反日思想，他是力主亲日的。然而，在这一点上，张学良并没有听孙传芳的建议。1928年12月29日，张学良毅然宣布东北"易帜"。这一举措激怒了日本人，张学良的东北当局与日本人的关系渐趋紧张起来。这时，东北当局的内部也出现了动荡的迹象。以杨宇霆和常荫槐二人为首的一些元老级人物，在政治上采取不合作的态度。张学良为了稳定局势，于1929年1月10日晚将杨、常二人枪毙。而事先，张学良做这一决定并未和孙传芳透露半点。孙传芳是1月7日晚从大连回的沈阳，由于他的小老婆长期居住在大连（现中国人民解放军联勤保障部队大连康复疗养中心附近），孙传芳经常往返于沈阳、大连两地。事发当晚，孙传芳应邀来到帅府，当他从张学良口中得知杨、常被杀之事时，冒出了一身冷汗，但老奸巨猾的孙传芳表面上并未露声色，还竖起大拇指恭维道："杀得好！"回到家后的孙传芳有些坐立不安，于第二天一早乘9时的火车，只身逃亡大连，之后便购置了现南山街10号的这栋别墅，与他的小老婆隐居于此。

孙传芳逃到大连之后，日本人在东北创办的报纸出于政治目的，想制造事端，报道说，孙传芳是"杨常事件"的首议者，一会儿又说，东北当局正在通缉孙传芳。张学良为了揭露日本人散播的谣言，派人买好火车票，

百年老建筑如今风貌依旧

大军阀孙传芳

送孙传芳在沈阳的妻子儿女到大连团聚。而孙传芳这边，在他到达大连的第五天，即1929年1月15日，在所住的别墅召开了记者招待会，向新闻界披露自己对"杨常事件"的发生毫不知情，谣言不攻自破。此后，孙传芳及其家人一直寓居大连，其间，他在别墅中还为儿子孙家震操办了婚礼。

直至1931年九一八事变后，孙传芳全家迁居天津英租界。1935年，孙传芳在天津一所教堂里被为父报仇的女英雄施剑翘用手枪击毙，时年50岁。

曾是日本陆军大连特务机关

孙传芳之后也曾有日本人在此秘密活动。

1940年5月，陆军大连特务机关，复称"陆军奉天特务机关大连出张所"由大连南山枫町（今中山区枫林街）迁入南山橡町，这所日本人的特务机关于是驻扎在此。陆军大连特务机关是关东军参谋部领导下的情报机关，担负着对驻大连的日本警、宪、特和其他特务机关的情报领导工作。关东州的警、宪、特机关，每月必须将所搜集到的情报向陆军大连特务机关报告，如果要逮捕抗日人员，需请示其批准。不定期地召开宪兵队长、警察部长等驻大连的特务警察机关负责人会议，搜集情报，布置相关任务。但特务机关的情报不与其他特务部门"分享"，而要直接呈报关东军情报部。如此看来，这栋小楼在当时对日本人来说是极其重要的。

小楼中设一室三班，即庶务室（经理系）、露西亚班（苏联白俄指导课）、支那班（中国工作课）、欧米班（欧美谋略课）。露西亚班，主要负责监视苏联人及与苏联人有关系的人员；支那班，主要负责搜集中国政治、经济、社会、宗教等方面情报；欧米班，通过"露西人学校""白俄事务所""德国、意大利人协会"等特务外围组织，专门搜集英国、美国、德国、意大利和犹太人的政治动向及其他情况。

小楼作为日本特务机关，直至1945年8月15日日本投降。

中华人民共和国成立后，这栋小楼成了大连团市委的办公楼。经历了90多年的沧桑巨变，楼里的故事也在不断地变幻，但它依旧保持原来的风貌。

如今，亭院里铺上了水泥路面，在这工作了几十年的刘建杰告诉笔者，"这里没有大的改变，院里的大墙一直有，前些年把北面的墙拆了。原先院里有个小花坛，花坛里栽种了棵大树，因为经常走车受影响，后来就把花坛拆了。"

沿着小楼走一圈，在后院，笔者看到了一条羊肠小道，这是通往食堂的必经之路。地下室如今被设成了食堂，而经过刘建杰介绍得知，在楼里则有条暗道，可以从三楼直接通往地下食堂处，但如今已经被封上了。

刘建杰说："记忆中，以前这栋楼三五年就要整修一次。房产局经常给我们发红油，有一年，不给我们发红油了，而是在原来红色的木质地板

老宅门前的洋槐树

老宅内部别致的楼梯和房门

团市委楼

大连团市委如今在这里办公

上面又铺上一层地板，就是如今看到的这些黄色地板。而原来的地板没有被破坏掉，都安安稳稳地在黄色地板下面躺着呢。不管怎么修，这栋楼的整体结构始终都没有变。记得有一年大修，墙顶的雕花被起掉了，但最后按照原先的样式重新雕了上去。窗户依然保持着原来的木质窗，个别窗户关不严，打不开的情况也有，但基本上没有透风的现象，到了冬天，室内还是很保暖的。"顺着刘建杰所指，笔者见到，这栋楼是两层窗，外面的一层刷的是白油漆，而里面的一层则刷的是暗红色油漆。

面对风雨百载的老楼，刘建杰不无感叹："记得曾在这里工作的一位领导说过，窗户千万不能拆，不然我们就成历史的罪人了。"

（感谢大连史志办、大连文物考古研究所、大连团市委、大连史志专家孙玉的大力支持。）

文/马蓉

河本大作旧居

小楼承载着沉重的历史

19世纪末至20世纪30年代，与中华大地风云变幻的历史同步，南山一带的日式洋楼一个个拔地而起，形成特有的日式洋楼街区。南山的每一栋楼都有它的故事，每一个故事的背后，往往也蕴结着一段谜一般沉重的历史。

在这一带的老建筑里，有一栋小楼颇为与众不同，它就是位于南山宾馆一角的河本大作旧居。此楼建造于1938年，属于南山建筑群中较为年轻的，虽说房子的建筑风格并无特别，但因其主人河本大作是策划"皇姑屯事件"和九一八事变的主谋，它的存在无疑在大连的历史上写下了特殊的一笔。

如今，这栋看似低调的小楼，静静地走过了80余年的历史，隐匿于繁华的酒店花园之中，少有人知道它的"出身"和它的历史。

极具戏剧性的是，在与它只有一街之隔的不远处，张作霖的旧居依然矗立。在不同的时代，这对仇家因为不同的原因都选择了大连，选择了南山。近百年里，它们静静对望，不相往来，而其主人们却曾刀光剑影，拼了个你死我活。斯人已去，徒留下小楼成为凝固的历史见证。

他一手策划了"皇姑屯事件"

百余年前，当这个男婴诞生于日本一个普通人家之时，不会有人想到，许多年后他竟然会与中国扯上干系，并且影响了中国的历史，改变了许多中

位于南山宾馆西门一角的河本大作旧居

国人的命运。

1883年，河本大作出生于日本兵库县一户富裕人家，他是家中的次子。父亲河本参二在当地拥有大量的土地和山林，由于家道殷实，河本大作从小就养成了放荡不羁的性格。

1897年，14岁的河本大作小学毕业，他不顾父亲的反对，决然考入大阪陆军地方幼年学校。几年后升入日本陆军士官学校，开始了他的军事生涯。

在年轻气盛的河本大作看来，一身戎装是男人至高的荣耀，男人只有驰骋沙场才能实现自己的价值。因此进入部队后，河本大作便如同上了发条一般，拼命地向前冲。然而，很显然他在军事生涯的起步时就走错了方向。

1904年，21岁的河本大作担任日本陆军第四师团步兵第三十七联队小队长，第一次来到中国，便是参加日俄战争。他极其崇拜日本侵华急先锋明石元二郎、青木宣纯，立志要成为明石、青木第二，以阴谋和暗杀辅助武力，来实现日本的"大陆政策"。三年后，河本大作被调回日本，组织反动帮会"大陆会"，其会员日后大都成了侵华干将。

1921年，河本大作第二次来到中国，担任日本驻中国北京公使馆武官。

但他个性嚣张，野心勃勃，对于政见不合的人肆无忌惮地予以痛斥。1923年6月，他与日本驻华武官长林弥三吉发生意见分歧，于同年8月被再次调回日本。1926年4月，河本大作重返中国东北，任关东军司令部高级参谋。任职期间，他曾以"参谋旅行"的名义，先后组织了五次军事侦察谍报活动，为日本武装侵占中国东北做好充分准备。

随着时间的推移，河本大作的军事野心不断膨胀，童年时便形成的暴戾性格如一把利刃，割裂着他的人格。1928年，河本大作便开始部署谋杀张作霖，他恶狠狠地说："一切亲日的军阀，我们统统抓住。能利用的时候就援助，不能利用的时候就设法消灭。"

他精心选择了两条铁路的交叉点皇姑屯，以200公斤烈性炸药，布下了张作霖"必死之阵"。张作霖被炸死后，日本在野党以此向田中内阁发难，要求追究事件真相，在国内矛盾和舆论的谴责下，河本大作被解职。

彼时，貌似受挫的河本大作再次回到日本，但因其替关东军承担了"皇姑屯事件"的责任，回国后得到日本右翼势力的赏识，日本外务政务次官森恪特意约定每月供给他200日元生活费，并让其出任中日实业公司顾问。

表面上看，河本大作似乎改行搞经济了，其实不然。1931年9月初，他受日本参谋本部中国课课长重藤千秋大佐所托，乘飞机秘密将5万日元送到奉天，交给关东军参谋、奉天特务机关辅佐官花谷正少佐。彼时花谷正少佐正在为发动九一八事变经费拮据而苦恼，此举真是"雪中送炭"，因此，河本大作在九一八事变中也扮演了极其重要的策划角色。

河本大作缘何会在大连建宅？

对于战犯河本大作来说，到死他都执迷不悟地认为他的军旅人生是光彩照人，写满荣耀的，但他看似凯歌高奏的人生路恰恰是用无数普通中国人的血汗铺就而成的，而位于大连的这栋旧宅，则无疑成为他侵华斑斑恶迹的最好见证。

九一八事变后，蛰伏日本的河本大作突然接到关东军司令官本庄繁电召，命令他速来中国东北，负责接收西安煤矿（今辽源煤矿），诱降拥有3万兵力的东边道镇守使于芷山。此次，河本大作来到中国，就此踏上一条不归路。

河本大作旧居

1933年3月16日，河本大作在本庄繁的推荐下担任满铁理事。他还利用与关东军和本庄繁的密切关系，兼任满炭理事长，不断扩大满炭的经营范围，疯狂掠夺中国东北的煤矿资源，以中国人的生命攫取巨额利润，在东北各地留下了许多的"万人坑"。同时，在满炭职工住宅修建工程中，河本大作安排他的亲信山下太郎、桥元文吉承包了全部工程项目，施工中不但偷工减料，还大量无偿使用中国劳工，一个个摇身变成腰缠万贯的大富翁。

尝到了甜头的亲信们为了答谢河本大作，便出巨资，为他在大连南山麓的楠町修建了一栋占地500平方米、共分三层的漂亮别墅。

而彼时，他们之所以选址大连，大概是因为日本人觉得大连乃绝好的休憩之地。

1937年下半年，在东条英机等的支持下，成立了"满业"，满炭成了其下属的一个子公司，河本大作被逐渐架空。1941年年初，河本大作终于被排挤出了满炭，此时，一直马不停蹄工作的河本大作才有时间回到大连家中闲居，与妻儿一起享受在大连的惬意生活。

然而，几个月后，野心不死的河本大作还是耐不住寂寞，受驻山西日军第一军司令官岩松义雄的邀请，到山西担任山西产业株式会社社长。此会社

经历了不知多少次的装修，早已难寻过去的影子

是侵华日军"以战养战"、搜刮山西物资的经济侵略组织，河本大作将中国农民骗到矿山，进行长期的禁闭劳动，以害死数以万计矿工的代价，搜刮大量资本。

1944年，仅在一年时间内，河本大作分三次向日军"捐献"7架飞机。他手下的公警队还参与日军"讨伐"，被日军称为"山西帝王"。

1945年8月，日本战败投降。河本大作居住在大连别墅的妻子及三个女儿跟随其他被遣返的日本侨民回到日本，河本一家与大连彻底断了干系。已成孤家寡人的河本大作却依然贼心不死，继续留在山西，并充当阎锡山的高级顾问。

1949年4月，太原解放，河本大作被捕。

1955年8月25日，河本大作病死于太原战犯管理所，是年72岁。

他至死都在为自己粉饰，开脱罪责，可谓死有余辜。

少有人知的河本大作旧居

寻访南山一片的老人，张作霖旧居、孙传芳旧居大家都能娓娓道来，唯有河本大作旧居，是少有人知晓的。其实，河本大作旧居地理位置十分明显，它就位于南山宾馆的西门一角，每天人来车往，它就矗立在那里，只是无人知晓它的过往和它走过的历史。

作为大连的重要旅游接待场所之一，南山宾馆每天车水马龙，游客如织。步入这座庭院似的酒店，眼前数十栋日式别墅在苍松翠柏的掩映下，别具异域特色。虽说人流不断，但整座酒店依然显得十分幽静，特别是隐匿于西门一角的河本大作旧居，更是低调地散发着它的厚重与典雅。

抛开历史的过往不说，这是一栋极美的建筑。三层和风风格别墅，砖木结构，外墙面由不同花色的石砖装饰，开阔的门厅上面由几根枕木作为装饰，与大理石相配，显得大气又不奢华。门口的银杏树、松柏与小灌木相配，错落有致，即使在盛夏也给人一种扑面而来的清凉。

如今的河本大作旧居已经经历了不知道多少次的彻底装修，楼内早已难寻过去的影子，它也早已成为一家高档的餐馆，每天这里高朋满座，推杯换盏间又有几人知道这里曾经发生的故事？这座小楼走过了80余年的历史，而它的"人生"也只能说在童年阶段曾经蒙上过与河本大作有关的阴影。

据史料记载，1945年8月，河本大作的妻儿离开大连后，这栋别墅便作为敌伪财产，被政府征收。此后，发生了大连历史上著名的大搬家运动，不知道彼时是什么样的人家住进了河本大作的旧居，直至政府将这一片日式老宅圈起来，建成了当时十分有名的苏联专家招待所。

河本大作旧居之后的故事便与其他十几栋小楼紧密联系在了一起。那时，苏联专家来连支援，每日如火如荼地为大连的建设奔忙，夜幕降临时，这里再也听不到日本女人的呱嗒板儿声，取而代之的是欢快的手风琴声和苏联歌曲悠扬的旋律。

1956年，苏联专家撤走，苏联专家招待所的牌子也被撤掉。此时，河本大作旧居和其他小楼一样，再次更换了门面成了南山招待所，继续承担接待任务。直至1979年，改革开放的大门打开，南山招待所也随之有了新的开始。

大连老人王华利便是此时走进这个美丽的花园式街区。"当时因为我在筹建棒棰岛宾馆时积累了经验，市里便派我来筹建这个宾馆。"那时，国家旅游局拨款在南山招待所修建旅游大楼，此楼与河本大作旧居并排而居，"剩下的全都是日式小楼，因为时间久了，小楼都不太出息的样子。当时为了节约开支，我便发动后勤人员自己动手，变小屋为大屋，增加厕所，重新装修。"王华利回忆，当时的改造历时半年多，他在"枫林宾馆"和"南山宾馆"两个名字的选择中，最终拍板定名"南山宾馆"。"当时，大连用于接待的酒店并不多，有许多客人便被安排到南山宾馆来。南山宾馆的日式风格和幽静的环境，很受客人特别是外宾们喜欢。"

从20世纪70年代末至今，河本大作旧居一直作为南山宾馆的一员，每天经历着迎来送往的生活。据说，20世纪90年代初，日本国驻沈阳总领事馆常驻大连办事处还曾经在此办公。

再之后，此宅便一直作为高档餐馆至今，关于河本大作的故事只能尘封于档案之中，警示后人。

文/林芝

南山大庙

传承大连文化的宝库

　　当我们想起一座城市，首先浮现于脑海中的大抵是这里的建筑。城市里有了特别的建筑，也便有了特别的符号；建筑里有了故事，这个城市也便随之有了灵气。

　　现在的大连特色建筑很多，俄国人建的，日本人留下的，中国百姓的本土作品，各具特色，但这其中，庙宇是极少见的，因此坐落在南山一隅的大庙也便成了大连街的一景。

　　大庙，坐落于中山区麒麟西巷1号，虽说大连人都称它为南山大庙，但其实它离现在的南山建筑群是有一定距离的。大隐隐于市，每天门前的车水马龙并没有影响大庙安静的气质，匆匆而过的路人只惊叹于它的建筑恢宏，却很少关注它内在的故事。只有老大连人，且是那些与大连文化、艺术紧密相连的大连人，才会与大庙有切肤的接触。因为在大连没有一座建筑如大庙这般，半个世纪里，珍藏了大连最值得骄傲的文化遗产。从大连杂技团排练场到大连图书馆的藏书楼，再到大连京剧院的麒麟大舞台，它经历了书墨飘香，又走过京韵绕梁，大庙因为它所承载的丰富内涵，绵延于大连人的精神世界……

东本愿寺生日成谜

南山大庙诞生于何时，走访一圈后，真真是把笔者搞得晕头转向。

许多年前，当大连京剧院入住南山大庙时，细心的京剧院领导去档案馆查阅了大庙的资料，据说从一份旧的资料里查到了以下的信息："位于南山脚下的东本愿寺于1925年开始动工，经过9年的建设，于1934年落成。"

2012年，在接受笔者采访时，一直在大庙工作的大连京剧院老领导李维传则拿出了一份有些模糊的报纸复印件："这是一位日本游客给我的报纸复印件，当时的《满洲日报》对大庙的修建记载得很清楚。"翻看报纸复印件，昭和四年一月二十六日的《满洲日报》上清楚地记载着当时大庙将竣工，而昭和四年为1929年。

著名编剧，一直从事大连文化研究的王守昱则给了笔者一个最为准确的时间："大庙始建于1931年8月13日，竣工于1933年5月8日，这个在《中国近代建筑总览·大连篇》里有详细记载。"

好吧，不管具体出生于何时，南山大庙都逃不过是20世纪初的建筑，好在它的原名是东本愿寺是大家达成的共识。

彼时，日本殖民统治下的大连，不仅有手持武器的殖民者，还有满大街的和服晃动，呱嗒板儿声声，日本人多了，少不了要有自己的神社和寺

南山大庙

庙。鉴于他们把大连视作自己本土的一部分，因此，便决定在大连这方宝地上修建自己的寺庙。"大庙的设计是当时的满铁社寺公务所和满洲土木建筑协会，施工方是清水组和福昌公司，也就是说，大庙是日本人设计的，当然真正的建设者还是中国人。"王守昱说，大庙虽说是日本人设计的，但其实是仿唐式建筑，又称禅宗式，而在当时的《满洲日报》上清楚地记载着大庙修建的出资者既有当时大连的日本企业，也有像张本政这样的本地富商。

　　当时的大庙全名东本愿寺关东别院，因何得名？在日本本土有一个东本愿寺，它为佛教净土宗大谷派总寺院，位于京都下京区。为征夷大将军德川家康把原来的本愿寺一分为二而建立。日本的东本愿寺高度仅次于奈良的东大寺，是京都最大的木造建筑，也是世界最大的木建筑之一。想必当年东本愿寺在日本人心中是极其高

南山大庙一角，屋檐高大深远

大和尊贵的，于是来到大连便修建了它的别院。1912年，日本人先在青泥洼桥修建了一个东本愿寺的别院，后来，因为这个别院太小，便又在南山大兴土木。据王守昱介绍，当时日本战犯大谷光瑞在满铁沿线城市建立东本愿寺别院，为日本侵华服务。而在大连，除了修建了东本愿寺之外，还在现南山大连外国语大学所在地修建了西本愿寺。大连解放后，这些为日本神社服务的寺庙被大连文化古物保管委员会接管，后来这些日本庙宇大多被拆除，而东本愿寺便成了少数被留下来的庙宇之一。

南山大庙

镏金"飞天"栩栩如生

　　虽说追溯起来，大庙的出身并不是很好，但这一点儿也影响不到它气势如虹，走过近一个世纪依然被惊为大连老建筑中的"天人"。

大庙从外观看共有两层，极具中国特色，古色古香，大气磅礴。屋檐上翘，祥龙欲飞，石木雕刻呼应。如今，新近改造的胜利路横贯大连东西，而大庙就在路边，踏上几级台阶便可推门而入。据说许多年前，通往大庙的大道宽有50余米，台阶从昆明街的山脚下一路高耸上来。想要前来祭拜的香客必须沿台阶爬上来，才能得见大庙真面目。

推开大庙古朴的大门，鲜艳的舞台便直冲眼帘。舞台是只有十几年历史的麒麟大舞台，但周边的一切却是旧时留下的。舞台两侧是木刻的匾额"国丰民安 天下和顺"，据说是当年落逃大连的伪满洲国总理大臣郑孝胥所

仿唐式建筑，南山大庙气势磅礴

大庙二楼，镏金"飞天"栩栩如生

书。踏上古旧的楼梯，一路登上二楼，豁然开朗。眼前的一切，让笔者不由得惊呼，怪不得京剧院要把这层锁起来加以保护。

镏金的横栏上雕刻着"飞天"浮雕、牡丹、宝相花等，栩栩如生，佛龛上两尊佛像安静矗立，两边还放着郑孝胥书写的三对匾额。格子的木窗，精雕的佛龛，大气的藻井，高大深远的屋檐。"在这工作了十几年，总是漏雨，一直担心哪天它塌了。直到2007年政府拨款大修，揭开大庙的屋瓦一看，居然是工字钢的屋顶。一千年也塌不了啊，白白让我担心了十几年哦。"大连京剧院老领导李维传笑着说。一语道破，其实大庙并不如许多资料所说是砖木结构，而是钢混构架，只有一个屋顶是木质的罢了。

南山藏书楼

"文革"中的幸运儿

说是寺庙，但其实在大庙的一生中作为寺庙的时光是短暂的。大连解放前，每到特别的日子，日本人纷纷来此拜佛、烧香，祈求在这个不太平的年月自己的小家能够偶得安生，而中国人是从来不去日本寺庙的，以自己的方式坚持着民族信仰。到了1945年大连解放，大庙被政府收缴，大门紧锁，封存起来。

之后的几年，大庙经历了什么，无从知晓，大抵是安静的、闲置的，直到1952年，大连图书馆的同志们推开这扇大门，大庙成了大连图书馆南山藏书楼。

2012年的初冬，大连图

南山大庙

南山大庙一角

大庙内所藏郑孝胥所书匾额

书馆退休老馆长乔世国已是年过八旬的老人，和老朋友王守昱一起回忆起有关大庙的故事，真的是恍如隔世。

那时，乔世国还是个年轻的小伙子，机缘巧合，让他和大连图书馆与大庙有了三十多年的缘分。"图书馆正式开馆是在1951年，当时叫旅大图书馆。那时候的藏书有满铁图书馆留下的40余万册图书，再加上我们自己新购的26万册图书，一时间世纪街的图书馆真是书满为患啊。"乔世国说，满铁图书馆的藏书饱和量为40万册，旅大图书馆接手时藏书就已经达到这个数字了，再加上建馆后新购置的、社会上捐助的和查缴的图书，"那时候办公室、过道里堆的都是书，领导们一看这不行啊，就打报告通过文化局向市里请示给我们找个藏书的地方。"

据王守昱回忆，彼时大庙之所以成为藏书楼的候选地，还得益于之前大庙为杂技团做的贡献。"那是1950年，大连杂技团要去抗美援朝战场慰问演出，这在大连可是一件大事，但是当时杂技团却找不到地方排练，便借用了大庙一年左右。所以，当时大庙就在文化局的同志们心里有了印象。"1952年，经市里批准，南山大庙正式归旅大图书馆使用，成为图书馆的藏书楼。

回想当年的大庙，乔世国说印象有些模糊了，只有少数的几个片段至今记忆在心。"一楼放了一组佛像，最中间供奉的是观音菩萨。南门上一个横匾，上书'慧海慈航'，油光锃亮。"见到如此恢宏的建筑，图书馆的工作人员在惊喜之余马上开始了自己的布置工作。"当时领导对我们就有一个严格的要求：寺庙里的一切东西都必须保持原貌。"

于是，工作人员开始打书架，整理书籍，先后分几次将部分书籍搬到了大庙。"听说大庙给我们当藏书楼，我们很快整理出了20万册书，这其中主要是建馆后社会捐助和查缴的图书，其中包括罗振玉的9万册书和王永江的3万册书。"后来，在1956年前后，图书馆又在大庙边上加盖了两层楼，用于藏书。

　　时光飞速，转眼到了1983年，在王守昱的记忆里，第一次真正亲近大庙是在1983年，当时他因负责《旅大风云》的拍摄，走进了大庙。那时大庙的金碧辉煌便给他留下了深刻印象，而之后因为编写图书馆志，让王守昱对大庙有了更进一步的了解。

　　"初期，大庙的主要功能就是藏书，一直到'文革'结束，这里所藏的图书才对外开放。"提起"文革"，乔世国和王守昱两位老人一致感叹，大庙在"文革"中没有受到任何冲击真是一大幸事。"这在全国都是少见的，大庙很幸运。当时斗争的各派人达成了共识，大庙的藏书是珍贵的财富，万万是要保护的。"

　　平安走过"文革"，大庙也迎来了春天。从1979年3月开始，图书馆的保管部开始整理大庙藏书，8个人历时6年，直至1985年11月完成了所有藏书的分门别类。这其中包括从日本战败后就一直未清理的书籍。大清点、大整理后，发现了很多珍贵的外文及古旧书籍和珍贵的资料，总数达到百余万册。"大庙真正走进大家的视野是在1981年，当时全国搞地名普查活动，大家纷纷来大庙查资料，从9月到年底，就有220个单位来查资料。"那时的大庙，一改往日的安静，每天人来人往，好不热闹，告别了冷清，开始了另一番生活。

南山大庙

这里曾是藏书楼、排练场，如今恢复平静

条件不适合藏书

冬冷夏热，人和书都难熬

大庙虽然漂亮，但却是个"上得了厅堂，下不了厨房"的"花瓶媳妇"。说起作为藏书楼的大庙，乔世国老人皱起了眉头："大庙啊，说实话并不具备藏书的条件。通风很不好，窗少。没有暖气，又不能生火。冬天特别冷，夏天又特别的热。"

那些年，冬天里，图书馆的工作人员整理图书，个个哆哆嗦嗦，人人手上都有冻疮，好不容易挨过了三九，又到了三伏。"夏天，进书库得穿罩衣、戴口罩，就剩个大眼睛，每次都整得大汗淋漓，一身臭汗。"说起那段在大庙的日子，图书馆的工作人员真的是苦不堪言。"当时，屋顶就漏水，不仅人遭罪，这些珍贵的古籍也扛不住啊。"

苦中也有乐，当年在大庙里还发生过一个小插曲，至今让人津津乐道。那是三年困难时期，馆员们生活很艰苦，大家便在大庙周围开荒种地。一个馆员种地瓜，一镐头下去，刨出了惊喜。先是惊现一个钟柄，大家呼啦啦围过来，七手八脚，刨到两米多深，一个一人高的大钟轰然而出。"那个大钟上写的都是梵文，当时，我们分析这个钟是日本人投降时埋在这里的，应该是大谷光瑞侵华的罪证。一听说是日本人留下的东西，馆员一生气，便用镐头在钟上刨了个洞。这就是现在大家所熟知的劳动公园里的那个祈福钟，钟上那个洞就是我们馆员留下的印记。"王守昱介绍说。

1976年，一位意外访客改变了大庙藏书楼的命运。这位客人具体是谁已无从查起，王守昱只知道那是上海复旦大学的一位教授，来大连海事大学找自己的同学，两位教授不知来大庙查阅什么资料，之后，这位爱书的上海教授便给国务院写信，说起这些珍贵的书籍在漏雨的大庙里得不到好的保护。再之后，于光远同志亲自来大庙视察，文物局、文化部，直到国务院，各级都很重视。

从1977年开始，大连图书馆开始了新馆的选址、设计和建设，直到1989年，新的图书馆落成，大庙里的藏书有了新家。1989年、1995年，大庙藏书经过两次搬家，大庙就此告别了藏书楼时代。

麒麟大舞台

大庙让京剧有了舞台

冥冥中，大庙似乎与大连的文化有着难解之缘，这厢大连图书馆刚刚找到了新家，那厢就有要无家可归的大连京剧团投奔而来。让大家没有想到的是，大庙的再次救急，竟成就了大连京剧的辉煌，而就此也让大庙和大连老百姓走得更加亲近。

20世纪90年代初，"安家"于中山广场附近的大连京剧团突然接到了一个消息，京剧团所在地要拆迁了，这里要建大连金融中心。消息是好是坏不说，一时间，京剧团慌了，这么一大家子人去哪呢？

正在慌张时，大家想到了南山大庙，"搬到南山大庙去"。于是，1993年，大连京剧团便在南山大庙安家了。入住的要求一如以前，"边使用，边保护"。

想起当年初入大庙，京剧院的老领导李维传记忆犹新："没水，没电，没厕所，条件是相当艰苦啊。当时，京剧团有100多人，二楼边上间出小房间办公，中间留出场地排练。"

条件再艰苦，也得干出成绩来。1997年，京剧团一咬牙，全团集资让大庙换新颜。粉刷、换瓦，更换线路，一楼漆红了柱子，挂上了匾额，搭上了台子，成为现在著名的麒麟大舞台。

从那时起，大庙一改以往的书香幽静，开始了锣鼓点声声，旌旗飘展的日子。大门一开，生旦净末丑轮番上阵，多少大戏在这里浑然天成。台上的辉煌人人看在眼里，台下的辛苦只有自己人知道。"大庙又阴又潮，排练时出一身汗，落的是浑身疼痛。"说起这些年大连京剧人在大庙吃的苦，李维传如乔世国一般双眉紧锁。

从1998年开始，大连京

麒麟大舞台，让大庙与百姓更加亲近

南山大庙

剧团在麒麟大舞台开锣唱戏，从一开始只能坐70人，到现在满场150人。从一开始仅靠老戏迷捧场，到现在是场场爆满。"有一年春节，最惨淡，一开门居然没有观众，不得不停演。一开始，我们只有老戏迷，后来是周围的外国留学生。就是剩下十个观众，我们也演。"

坚守14年，大庙见证了大连京剧走过寒冷的冬日，迎来花开遍地的春天。直到2011年，大连京剧院有了自己的新家，宏济大舞台开锣，大庙再次回归了平静。

冬日的下午，走进大庙，踏上麒麟大舞台，四下灯光很暗，一时间所有有关大庙的过往一一浮现，一排排的书，散发着历史的芬芳，京胡响起，又让人想起袅袅娜娜的身段和唱腔。每个人的心中都有一个不一样的大庙，不知今后，这里又要上演怎样的故事。

文 / 林芝

大庙历经近百年，见证城市历史变迁

政协会馆

南山路 125 号的沧桑

日本建筑师西泽泰彦和他的《日本的殖民地建筑》一书，对殖民地建筑的认识可谓精到。

他说：建筑是作为一个总体，如实反映了建造年代的存在。谈建筑就是谈它所在的那个时代，也就是说，谈论多数的建筑，意味着谈论历史。建筑是可以把历史的现象传递到人们视觉中的物体，是与历史史料不同的存在。

所有的建筑都有它的目的，无目的的建筑是不存在的。因此，每一个建筑一定在某个部分能反映出它的存在目的，看到一个建筑，就会理解到这个建筑的建设有关人，特别是此建筑的主人和设计者的意图。

南山路 125 号建于 1913 年，在经历百年的历史变迁后，它依然作为雄辩的历史屹立在那里，来领会殖民地统治的罪恶意图。

绿树掩映下的欧式建筑

开车沿解放路向南，在七七街的信号灯左拐，沿着这条单行路一直驶下去，当看到左侧的楼上有高高飘扬的国旗，这里就是市政协的新办公楼。

七七街两侧的建筑都不高，且都显出一些陈旧的感觉，有了一些历史的风韵。政协新楼在这里很突出，因为它的新和大气。穿越新楼而过，就看到了南山路 125 号——大连市政协老楼。

日本殖民统治时期，这栋建筑先后为日本人会馆、日本税官官邸。1948年，旅大地委书记欧阳钦在此居住，市委书记处亦在此办公，现为大连市政协会馆。

如今，在周围大气磅礴的新式建筑中，这栋小楼已显式微。甚至，很多人找不到它的具体位置。

按照前面有说大连市重点保护建筑的铜牌上的记述，面朝西北方向开门的政协老楼，建于 1913 年，建筑面积 1057 平方米，建筑造型灵巧、秀美，是大连现存不多的和风欧式花园建筑。

市政协副调研员王继学带领笔者穿过新楼的长廊，来到外围的走廊，从楼上的走廊向下看过去，那个掩映在绿树丛中、红顶、错落有致的建筑就是我们要找的南山路 125 号。

你很难想象，在喧闹的市中心位置，会有这样一个静谧的院落，院中亭台楼榭、小桥流水、古树参天，营造出一种世外桃源般的恬淡。"这大概是大连市直机关中，办公环境较好的地方了。"王继学领着我们在院中参观时，由衷地说。

政协会馆一角

南山路 125 号门是冲着西北方向的南山路开的，这很特别，中国的建筑很少有向着西北方向开门的。

笔者多方寻找资料，依然没有查到更多关于这栋小楼的建筑历史，甚至它的建筑年代都很模糊。设计师是谁，也无从知晓。

建筑是凝固的历史，尽管我们无从考证它更确切的消息，但是，这栋小楼在建筑风格上的特点，还是可以解读一番。

从外观来看，这栋建筑具有浓郁的欧式风格，而走进去，又是地道的和风建筑。

从外观上看，是典型的欧式庭院式建筑，整个楼群顶部凹凸有致，错落非凡，东北角的外部使用金属质地的旋转楼梯，楼外的长廊采用汉白玉栏杆，雕琢得光滑圆润。一楼有一处拱门，圆拱的上端是大气的花朵，这些都是欧式的风格。而楼的外檐采用大檐的设计，有些像中国唐代的建筑风格。其实在日本的建筑中，那些大檐的屋顶也是鉴真东渡时带过去的。

曾经，一楼作为餐饮服务的场所，二楼是包间，三楼是礼堂，经常接待婚宴和政协的大型活动。楼梯还是原来的木质楼梯，楼板都已经换过了。"大的结构没有变，但是一些小的房间都经过了重新装修，变动过了。"小窗小门，使用原色的木质和草质材料是日式建筑的特点，但是在楼里已经见不到这些了。

为什么 20 世纪初的建筑会有欧式的风格？笔者请教了王守昱老先生。王老先生 1940 年出生，一直生活在南山附近，他的父亲是大连解放后第一批建筑师，受家庭影响，他对大连建筑有一定研究。

王守昱说，在 20 世纪初，日本政府拿出财政收入的五分之一，送本国的各行业人员到世界各地考察，引进世界最先进的技术和设计。在这个时期，有大量的青年人考察学习回来后，在这片土地上施展，这让大连有了大量的外表欧式、内里日式的建筑。

笔者在一份资料上看到，日本著名建筑师大江宏说："对于日本文化而言，如果真的是存在有什么特殊性的话，那就是对外来文化的接受态度。这种特殊性使得日本在接受新的文明时显得并不是太困难。日本文化在各个方面都表现出一种对新旧、内外等要素的兼容、并存的多重性，也正是在这种特殊文化背景下，通过反复的重叠转变，渐渐地构成了当代的日本文化。"

日本人会馆与"大连神社"

依据王守昱老先生的介绍，南山路 125 号的政协老楼在建造初期是一家日本人会馆。"会馆"一词专指历史上旅居异地的同乡人共同设立的，供同乡、同业聚会或寄居的馆舍。日本人会馆的直接服务对象是附近的大连神社。

"大连神社是殖民者在大连修建的一个宗教机构，接受在中国实施侵略的日本人和远从日本本土来连的日本人参拜的，它的位置就在今天的解放小学位置。"

那是日本殖民者的地盘，他们把这里规划得近乎完美，中国人难以接近这里。这是日本殖民者文化娱乐中心。

日本人会馆向南是个大花坛，大花坛的位置就是今天核电大厦的位置。大花坛一直向南有一条大路，路两旁满是樱花，一直通到大连神社。当年来参拜的日本人很多，都是日本上流社会的人，他们参拜完神社，需要找个休

从高处望去，政协老楼掩映在绿树的环抱之中

闲交际的场所，日本人会馆当年就起到了这样的功能。

后来，这里作为日本税官的官邸存在了很多年。

日本殖民者早已被赶出我们的家园，而小楼却静静地掩映在绿树丛中，听到这里，笔者仿佛看到了当年日本殖民者把我们的家园当成自己的国土，在这里大兴土木的情景。他们在这里规划了神社，把他们的信仰也带来了，他们甚至还在这里修建了东本愿寺（今南山大庙），他们以为，神灵会保佑他们的侵略行径，但是，这一切都随着历史的发展而改变。神社没有保护他们的侵略行为，会馆也没有成为他们吃喝玩乐的聚点。

欧阳钦一家曾在此居住

相对于中山广场上那些恢宏的建筑，政协老楼在建筑上的意义的确没有太值得称颂的地方，但是它能作为老建筑，早在 2002 年就被保护起来，这大概与它作为欧阳钦的旧居有很大的关系。

欧阳钦作为当时旅大地区最早的地委书记，对大连这座城市的意义非同一般。

1948 年，欧阳钦从陕西省委书记调任旅大担任地委书记，对大连产生过深远的影响。

欧阳钦在大连工作期间，就居住在这里，这里同时还是旅大地委书记处的办公地点。据说，当时关于大连的规划、设计和经济文化生活发展中的很多大事，都是在这个小楼里被确定下来的。

欧阳钦的女儿欧阳晓光出生在这里。笔者几年前曾到北京拜访过欧阳晓光，看到欧阳

政协会馆

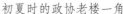
初夏时的政协老楼一角

钦在北京的家中还珍藏着很多在政协楼生活和工作时的照片。

2011 年夏天，欧阳晓光和丈夫来大连搜集爸爸妈妈生前的资料，还特意到南山路 125 号门前拍了照片。那次欧阳晓光希望搜集父母生前的更多资料，要出版一本画册，作为对父母的纪念。

谈及在大连生活的记忆，欧阳晓光说，那时太小了，确实没有太多记忆。欧阳晓光不到 5 岁时就随父母去了哈尔滨，但是每次提及大连，提及南山路 125 号，欧阳晓光依然觉得那是她的家，因为那是她出生的地方。

笔者也曾采访过欧阳钦在大连时期的秘书李曦沐老人，讲述了欧阳钦一家在南山路 125 号生活时的情景，他讲述了一个片段，是关于欧阳钦的夫人黄葳的。黄葳每天一早从南山路 125 号出发到解放广场附近的工厂上班时的情景李老仍历历在目。欧阳钦在大连做书记期间，他的夫人黄葳在大连起重机厂当厂长。李曦沐是国立西南联合大学的毕业生，是著名历史学家吴晗的学生，而黄葳是清华大学物理班的学生，与王大珩、钱三强、何泽慧是同班同学。20 世纪 50 年代初，大连工学院（今大连理工大学）校长屈伯川请来了留学归来的物理学专家王大珩任教，创立了大连工学院物理系。一次，欧阳钦在接待王大珩时，介绍了夫人黄葳，没想到两人见面后异常激动。欧阳钦不知道，两人在校时曾经是非常要好的同学关系，后来在兵荒马乱的年代，王大珩留洋海外，两人断了联系。这段经历在大连籍军旅作家马晓丽所著的长篇报告文学《光魂》中有过交代，那是王大珩晚年时对作家马晓丽回忆的。

欧阳钦与黄葳在大连工作到 1955 年，后调任到中共东北局工作。

如今，南山路 125 号作为老建筑被保护起来，只做参观，越发地显出这座百年老建筑的低调与神秘。春有杏花撒落庭院，夏有紫杉掩映其中，秋有金黄银杏环绕四周，冬有瑞雪遮盖红色屋顶，这里，在静静地开启它的下一个百年。

文 / 宋京

大连二十四中育才楼

红墙碧瓦聆听相逢是首歌

位于大连市中山区解放路217号的那排红墙碧瓦、门脸简欧装饰的"L"形小楼，在至今一个甲子有余的时间里被称为"大连市第二十四中学"。

始建于1920年，临街门扉备受学子膜拜

校园里的育才楼是这里最初的校舍，墙面一隅，一块暗绿的铜质铭牌记录了它的简历："大连市重点保护建筑，育才学校旧址，该建筑建于1920年，为日本春日国民学校，1949年在此建大连育才学校，被列为大连市第一批重点保护建筑名单。大连市人民政府，2002年1月。"

在《凝固的记忆》一书中，关于春日国民学校旧址，有这样的记载："它坐落在劳动公园东侧，建筑面积8900平方米……那时候，它的北侧有一所教堂，对面马路西侧还有一座日本神社，它们遥相呼应，形成一组小建筑群。"

在接下来的探访中，尽管笔者多方搜寻资料、寻访知情人，仍然没能发掘到关于这幢楼更多的记载。它的设计者是谁、有怎样的规划背景、有什么功能、特色等，组成了一连串的问号。

笔者凭借老建筑爱好者的视角上下左右打量它，育才楼呈"L"形，建筑主体为一排南北走向的二层砖木楼房，另一排东西走向的建筑从长度上似"L"的短横。据说，因为东西走向建筑本身坐落地点地势较低，所以多建

了一层，但在外观上这幢建筑两大部分的屋顶高度不相上下。

中国人盖房子讲究坐北朝南，育才楼的设计者显然没有这个观念。育才楼主体为南北走向，两侧的窗户，或朝东，面向车流熙攘的解放路；或朝西，面向校园内部。该建筑第一层的北侧，一扇简欧样式、饰有拱券造型和涡卷山花的高大门扉朝向解放路。

在人们印象中，这扇高大的铜门似乎从来没有开启过，它的象征意义几乎取代了实用功能。因为面向大连最繁忙的交通干路之一，这扇铜门每天都会接受无数羡慕、向往的目光膜拜，它的耳边一定飘过这样的遗憾"当年我就想考进这里，可惜仅仅差了几分，失之交臂"；它也肯定经常听过家长们教育孩子"争口气，将来到这儿上高中"——的确，从这幢建筑回到大连人的怀抱伊始，它就是一个承载了无数殷殷期望和青春梦想的地方。

资料记载，1949 年，经中共中央、东北局批准，大连育才学校正式开办，有学生 300 余人。最初，育才学校的办学目的是培养烈士子女和北上的劳模、干部后代，其前身为旅大妇联办的三八小学。育才学校第一任校长——毛达

朴素、低调的建筑风格

这里，承载了期望与梦想

恂当时的另一个职务是大连市市长。毛泽东夫人杨开慧的堂妹杨开英曾任育才学校的教务主任。

从子弟学校变成保留小学部的九年一贯制中学，再到后来的高中，育才学校几经变迁。1958 年，这所学校正式更名为大连市第二十四中学。

从春日国民学校到育才学校，老建筑化蛹为蝶

育才楼红砖罩面，绿瓦房顶，窗户细高，临街墙面用线条简洁的欧式护角石点缀，朴素内敛。如果说它在建筑外观上有什么可圈可点之处，要算这幢建筑屋顶耸立的三个红色攒尖、白色百叶窗的阁楼造型。也许设计者的用意是对排风换气烟道加以装饰，增加建筑的趣味。

不过，在笔者看来，论风格，无论是东方建筑还是西式建筑，类似的阁楼造型都不典型。论体量，阁楼与整体建筑相比较，大小又显得不成比例。但是，审美观念就如同人们的感情一样，会随时间推移而悄然变化——从殖民地时代的春日国民学校，到为新中国、新大连输送无数青年才俊的名牌高中，这幢建筑化蛹为蝶，完成了角色转换。建筑顶上的这三个阁楼在人们的眼里也从不甚协调渐渐变得亲切俏皮。

和大连街现存的多处百年老建筑一样，育才楼的建筑风格是近代折中主义，只是更朴素、更低调，且更有些中西合璧的味道。比方说，面向解放路的那一面墙最上方有一排凸起于墙面的"石疙瘩"，远看像欧式建筑的托檐石，近观其与房檐并无接触，功能全非托檐，仅仅是装饰。

折中主义建筑更注重简洁、实用，美观艺术倒是其次。育才楼使用之初即作为校舍，估计设计者更会在建筑的经济实惠方面下足功夫。

育才楼至今仍然被作为学校教室。曾经在那幢楼里度过三年中学时光的68届校友曹尧告诉记者，楼里每间教室并不算大，但是举架高，冬暖夏凉。楼内一开始就有供暖系统，教室里有大暖气包，冬天非常给力。楼里全是地板，每当下课时分，走廊里、楼梯上被踩得"呼咚呼咚""吱嘎吱嘎"地响。吱嘎作响的地板，是自习课上的"消息树"——无论老师怎样轻手轻脚，地板总是会暴露脚步声，淘气包们接到"信息"后赶紧跑回各自的座位……

曹尧记忆中，育才楼着过一次火，大概发生在"疯狂年代"的"武斗"中。火势不大，但也烧穿了一楼二楼之间的板材，学校组织学生们义务劳动修缮校舍。他记得，两层楼之间的大木方子裸露出来，学生们在架于半空的大木方子上来回搬运走动，木方"岿然不动"。

当年，教室的地板宽大暄软，以至于"武斗"中，掷到地板上的手榴弹碰了"软钉子"，根本表现不出爆炸威力，只是在地板上炸出些坑坑洼洼……

在85届校友滕晓东的记忆中，教室的地板曾是好动小男生的乐园——一位同学就曾经在课堂上突然间从老师眼皮底下消失了，引得班里同学哄堂大笑。原来，他掀起脚下的地板钻进地道了。地板下面"别有洞天"，有一米多高的宽敞空间，课后，其他男

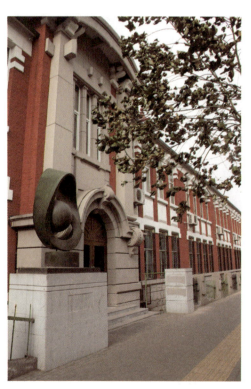

红砖罩面的育才楼

同学也钻进地道"探险"。其实，那只是旧式日本楼的特点，为了保暖，地板与地面留有空间，除了蜘蛛网并无险可探。小男生们倒是造了一身土，个个成了泥猴儿……

白驹过隙，光阴似箭。今天的育才楼几经修葺，早已是设施完善、设备一流的现代化教学楼。那"吱嘎"的地板声，如同老式留声机里流淌的爵士乐，留在老校友记忆深处。

如果不仔细看，很多人会误以为育才楼和旁边的学校图书馆建筑是一体的。不过，曹尧却认定，图书馆建筑最初不应该属于校舍，而很可能是座日式神庙，是殖民时代供附近日本居民抚慰精神之需。他的理由是图书馆楼的外观造型以及内部布局的特殊性。

曹尧的说法不无道理。首先馆舍建筑体量不大，楼门入口上方卷棚造型的红色雨搭和木雕装饰，是典型的日式神庙建筑式样。如果观察者再仔细点儿，就不难发现，在卷棚雨搭的正上方，有一个小小的木棺造型——这似乎暗合传统神庙超然世事的功能。其实，这些年来，很多在这里读书的校友都发现了这个神秘的造型，但是对于智慧练达的读书人来说，猜测这些神秘纹饰和造型的来历，只是让学习生活更有趣味的佐料而已。

曹尧说，当年他读书的时候，这里还是平层建筑，被作为学校的礼堂，但是，这个礼堂的空间实在太小了，每有开学典礼、全校大会等活动，礼堂里根本坐不下，总有一部分班级会被挤出礼堂甩到操场上旁听会议。

昔日校舍

现在，这处神庙造型的建筑是学校的图书馆阅览室，从这里可以通往二楼的校史馆——一个承载着历届二十四中人荣耀与辉煌的地方。那一排排金灿灿的奖杯和奖牌，无声胜有声。有数据统计，从 20 世纪 90 年代至今，大连市第二十四中学先后培养了 30 多位省、市高考状元，有 700 余名学生考入清华、北大。特别是近几年，清华、北大录取人数约占考生人数的 10％！

桃李不言，下自成蹊。如此傲人的成绩，让大连市第二十四中学在市民中享有很高的声望，博得"东北小清华"的美誉。

也许，在大连众多的老建筑里，它的尘封往事不够沧桑厚重，它的外观造型不够标新立异，它的命运遭逢不够跌宕起伏，但是，它却是一个不可或缺的角色，它记录了这座城市教育的变迁，目睹了大连市民对知识、对教育的态度从漠然到膜拜的转化，是大连市民文化素养从粗粝到精致的见证。

建筑是凝固的历史，我们寻访老建筑的踪迹，记录老建筑的故事，并非单单从建筑美学的角度赏析把玩老建筑，而是要在快节奏的现代都市生活中，找回关于这座城市绵长温暖的集体记忆，在对老建筑里那些活色生香的追溯中，找到你、我、我们一路走来的蹒跚与豪迈……

（感谢李健玮提供本文图片。）

文／周媛

刘长春郭安娜故居

名人老宅见证家运国运

十年前的一次城市规划决定了颇具特色的高尔基路沿街住宅的最终命运，历史让位于发展，特色服从于建设。

早已人去楼空的日本房被高大的挡板围住，但是封存的记忆却能穿透挡板，超越时空：黄色加长的2路公共汽车疾驰而过，车轮卷起梧桐落叶，这是大多数人对20世纪高尔基路的记忆。

如今车过叶落，时常想起父亲晨练的身影，临街窗前，父亲备课的样子，这是刘鸿图心中家的记忆。

刘鸿图是有"中国奥林匹克第一人"之称、大连理工大学教授刘长春的小儿子。

这里曾是教育界精英的居住地

2010年后，高尔基路沿街住宅只保留了195号和193号，分别是刘长春和郭沫若的日本夫人郭安娜的故居。刘鸿图说他们家是1956年从青云街搬到高尔基路的，"80多平方米的日本房，当时觉得好大呀"。从1956年到现在，刘鸿图在这里已经生活了半个多世纪。

在一个深秋的午后，刘鸿图在老宅里向笔者讲述了老宅的故事。虽然天气渐凉，可他还穿着短袖，方头阔脸，面色红润。老人外表极像父亲刘长

老宅依旧，述说着它的故事

春，更是秉承了父亲的好体格，"我现在还坚持游泳呢"。

彼时，刘鸿图老人刚从新西兰探望女儿归来，坐在当年父亲坐过的沙发上，阳光透过窗户，洒在老旧的红地板上……

"高尔基路两边的住宅都是日本人在1935年前后盖的，当时可不是为一般日本老百姓盖的，住的人是有一定官职的，听说至少也得是个科长。"1949年，大连大学成立，为了吸引教育人才，大连市政府把包括凤鸣街和高尔基路上这批日本科长住的房子全都批给了大连大学的教职工。这些住户中不乏名人，大连医学院吴襄教授、大连工学院赵国藩和王众托等知名科学家，在当时十多岁的刘鸿图眼里，这些著名科学家就像普通人一样，早出晚归，上班下班。

全是木质的，能抗8级地震

脚踩红地板咚咚作响，家里有厕所，不用大冷天往外跑蹲厕所，家里还有能洗澡的地方，能住上日本房曾是多年前许多人的奢望。虽然住了几十年，刘鸿图指着脚下的红地板，又用脚使劲踩了踩说："这种地板是松木的，从来没有换过。"红地板的表面已经有些磨损了，两国生活方式的不同，把一些物件的功能简单化了。在刘鸿图家里，门槛要比屋里地板地面高出五六厘米，刘鸿图说这五六厘米正好是榻榻米的高度。原先的日本住房平时在地板上铺上榻榻米，一家人在榻榻米上盘坐。

房间的建筑用料主要是木料，来自地震频发区的日本，把安全的理念照搬到当年的大连。"三个房间都是用拉门隔开的，墙壁也是用木板夹的，不是很隔音。后来中国人把墙壁拆掉，换成了砖石材料，把拉门也拿掉了，换上了中国式的大木门。"中国人天生的大嗓门不同于日本人的轻声细语，毕竟家中的秘密不是拉门和木墙壁能阻拦得住的。

正因为自家房屋是木质结构，才让刘长春一家在20世纪70年代地震警报频响时期，仍安然度过。刘鸿图说："好多人都在外面搭地震棚，我们一开始也想搭，这时有人跟我们讲，你家不用搭，你家房子能抗8级地震。"

老宅见证家运国运

住80多平方米的房子，在刘鸿图的眼里还挺大，但这种住大房子的好日子很快过去了。"文革"中，刘家的三间房变成了一间，"造反派有一天跟我妈说，你丈夫有问题，你别住这么大房子了。"随后，搬来了两家，刘鸿图和父母，还有三个哥哥、两个妹妹挤在一个十四五平方米的房间里，就这么一过就是好几年，直到"文革"结束。

当年就算一家八口挤在一个小屋里，刘家的孩子也奋发要强，六个孩子中有五个考上了大学。刘鸿图说大哥刘鸿亮最牛，"他大我13岁，是清华大学毕业的，是工程院院士，中国湖泊治理首席科学家。二哥和三哥分别是东师和长白商学院毕业的，可惜二哥和三哥都去世了。"

刘鸿图说，在中国第一次申办2000年奥运会和申办2008年奥运会时，一向清静的高尔基路195号变得特别热闹，一度门庭若市，全国不下百家的媒体记者挤进小屋采访他，充满自豪地将中国申办奥运会与"中国奥林匹克第一人"刘长春联系起来。

冬暖夏凉、功能完善的小小日本楼见证了家运兴、国运昌，自己的老宅在刘鸿图心中变得更伟岸、更有意义。

刘鸿图说，住在日本房里，夏天凉爽是因为地板下面是空的，能通风；冬天暖和，是因为家里生了炉子，后来又安上了暖气。"20世纪80年代，为了落实知识分子政策，大工和大连化物所联合出资，为我们安上了暖气。"刘鸿图手朝上一指，"为什么大连化物所会介入？因为我们的邻居是郭安娜，她的儿子郭和夫就是化物所的。"

安静的邻居郭安娜

郭安娜住在高尔基路193号，位于刘长春家的楼上。刘鸿图更加细化了郭安娜的住处："其实郭安娜住在另一个门洞的楼上，她的大儿子郭和夫和她紧挨着，郭和夫家正好住在我们家楼上。"

站在楼外，看到二楼窗户紧闭，毫无声息。刘鸿图说郭家的人早搬走了，房子好像卖给了一个房地产公司，一直闲置无用。

秋风掠过，小楼更显孤寂。

1916年，在日本圣路加医院，一个中国男人与一个日本少女的邂逅为后世留下让人慨然而叹的爱情故事。爱火炽烈，幸福短暂。在郭沫若文坛标杆式的地位和身份下，几乎没有人去公开探究一代文坛巨星的过往情事，也让一个奇女子在远离祖国的异乡独守空房，平添无法诉说的幽怨。

说郭安娜是个奇女子，奇在她在丈夫郭沫若落难时，肩扛一家责任，对丈夫说："家事你莫管，你要努力呀。"尽透一个日本女人对夫君的爱与尊重。她把自己的五个孩子全部抚养成人并带回中国，顿显深明大义的慈母胸怀。她低调行事，从不为郭沫若节外生枝，尽显奇女子包容一切，海一样的度量。

据在上海照顾郭安娜的吴月英老人回忆，1983年，郭安娜老人当选为第六届全国政协委员，她原打算去北京参加全国政协会议，可是经过再三考虑，最后决定不参加会议。她说："我希望不要把我抬得太高，我身价高了会影响我丈夫的声誉。我要是去参加会议，人们看到我，就会议论他，我不希望贬低他，不希望把我们的问题表面化。"

"郭安娜个儿挺高，长得很漂亮，就是太安静了。"这是刘鸿图对这个邻居的印象，"郭安娜没工作，整天待在家里，一般很少下楼，买菜做饭就让她的儿媳妇郭喜代子去办。听母亲讲，她没事时就盘腿坐在榻榻米上，手里捧着一本书，静静地读。"刘鸿图说郭安娜总是挑选两家都没有其他人在家的时候，和母亲姜秀珍简单聊一聊，母亲还给她包过饺子。

刘鸿图说郭安娜汉语说得太一般了，但她对中国人很尊敬，也很有觉悟，"除'四害'的时候，她也在楼上放一个盆，拿着个小棍子使劲敲。"

工人一般朴素的郭和夫

许多人说郭安娜的大儿子郭和夫外表很像父亲郭沫若，但刘鸿图说他们父子俩真不太像，"感觉郭沫若的额头更宽一些，郭和夫长得像妈妈，有些瘦。他的夫人郭喜代子也是日本人，曾经在化物所的印刷厂里工作。"

两家虽然楼上楼下住着，但是两家人却不走一个门，刘家走的是临高尔基路的前门，而郭家走的是后面的门。放学后的刘鸿图偶然看见郭和夫，基本上是郭和夫拿着小铝盆外出买豆腐，"郭和夫太朴素了，就像一个普通工人一样，其实人家是化物所研究员呀。"

可能是吃过刘鸿图母亲包的饺子，郭和夫投桃报李，他喜欢钓鱼，经常给刘家一些新鲜的鱼，"都是挺大的梭鱼。"刘鸿图和郭和夫最后的一次接触，是有一年街道搞联防，刘鸿图和郭和夫被编在一组一起值晚班。"他背着一个小学生用的旧书包，我问他里面装着什么，郭和夫不好意思地说是两块凉地瓜，准备饿的时候吃。"

1994年，郭和夫的意外去世并没有被众人所知。刘鸿图说，当时郭和夫正在前往伊春，准备洽谈当地与大连的一个合作项目，不幸在火车上突发脑出血去世。

一年后，101岁的郭安娜在上海与世长辞。她在晚年，居住在上海的时间要比大连多一些。这名百岁老人的清冽人生即将走向尽头的时候，她说："希望倒在碧清的湖泊中，我爱吃湖泊中的鱼，也让鱼儿以我为食吧。"

刘鸿图：我要在这里陪父母

梧桐的落叶随风轻轻划过窗户，刘鸿图说，他们家刚搬到高尔基路时，这里栽的全是杨树，梧桐是后来栽的，那时也没有2路公共汽车，顺着高尔基路再往西就是太原街，也就是柏油路的尽头。"一过太原街就是海，能游泳，能钓鱼。"

家里的印迹还是父亲的，父亲的照片摆在最显眼的位置上，父亲用过的老式写字台仍静卧在房间的西南角，书架上的书籍很多是父亲所有，那个年代精装的《斯大林全集》现在已经很少看到了。在刘鸿图的记忆中，父亲的形象仍然鲜活，宛如昨日。"父亲犯病的那天早晨，他还和往常一样围着小楼跑步、做操，这是老人的固定生活套路，风雨无阻。可是，那天父亲晨练后，面色不好，豆大的汗珠直淌，父亲说不舒服。"后来，刘长春被确认患上肠梗阻，不久溘然离世。

父母离世后，留在大连的刘鸿图自然继承了老宅。他说年轻时发扬风格，没要单位分的房子，后来，房价涨了，也买不起新房子，现在他和老伴也不想当"老候鸟"——天冷而飞，天暖而归，他说住在老宅里也挺好，感觉仍是陪着父母一起住。一场秋雨曾让他和老伴一顿忙活，老宅漏雨了，他俩动用了家中的大小脸盆"盛载甘露"。

看着周围的日本房变成了弃宅，刘鸿图说："从城市的历史脉络上来看，把这些房子扒了挺可惜的，它们毕竟是特色，而且不可重建。"

刘鸿图认为可能是因为有刘长春和郭安娜这两位名人住过，所以老宅才得以保留，2011年有关部门和他谈想把高尔基路195号变成刘长春故居，成为青少年爱国主义教育基地。"我听了当然很高兴了，父亲的皮箱和铁床我都保留着呢。"

早在好几年前，大连市首批重点保护建筑名单公布时，就有刘长春和郭安娜的老房子，"市里发给我们一个大牌子，是铜的，我没把它挂出去，怕有人偷了去。"

文 / 刘爱军

金壁东旧居

小楼无言，尘封段段回忆

202路有轨电车在黑石礁有一站，每天，这个站点人潮穿梭不息，行色匆匆的人们很少留意，这里有一座气质独特的和风欧式小洋楼，在绿树掩映下静静矗立，它已经在那里站了近百年。《大连文物要览》一书中记载，这栋小洋楼2003年被确定为市级文物保护单位建筑。

2019年10月，大连土地交易中心网站显示，位于沙河口区中山路北侧景之巷西侧地块被成功拍卖。图纸显示，这座小楼已涂成红色，标注为在拍卖地块之外。大连对老建筑的保护意识此时值得圈点。

树影摇曳　难掩往昔重重故事

在文物普查人员、黑石礁街道、景山社区相关工作人员的陪同下，笔者走进这栋有着几分神秘色彩的小洋楼，希望在窗棂、门楣、台阶、阁楼和观景阳台间，还原这栋小洋楼在日本殖民统治时期的缥缈辉煌，以及中华人民共和国成立后，国家领导人在此休养小憩、会晤部下的欢畅时光。

资料记载，这栋小楼位于沙河口区黑石礁西村，建于1933年，建筑面积1031平方米，原为清朝肃亲王善耆第七子金壁东公馆。1947年，中共大连县委曾在该楼办公。1950年，改为旅大市人民政府交际处黑石礁宾馆，后改称星海宾馆。周恩来、贺龙等党和国家领导人曾在此下榻。

树影摇曳，难掩往昔旧事

　　尽管现在小楼周边荒草疯长、瓦砾丛生，但小楼门前仍保留一方净土。一个袖珍假山水池里，朵朵莲花开得正艳，旁边一棵繁茂的紫藤为水池遮阴。

　　知情人介绍，虽然之前经历数次改造，但喷水池一直没有离开原来的老地方——初时的王公贵胄之地，宅前当然要有水"聚财"，这也符合中国传统的风水学说。

　　一位黑石礁老居民回忆，小洋楼前原来有一条河，河水从山坡上奔涌至此，水流逐渐平缓入海。他说，听老辈人讲，这块宅基地因为依山面水被称为风水宝地。数十年地貌变迁，当年的河早已不见踪影，代之以高楼大厦，而今这里仍因"依山面水"而价值不菲。不过，随着城市发展和规划的变动，大连市区内曾经的多条河道已经消失无踪。

　　小楼正门前有4棵俗称火炬松的龙柏，树头不高，刚遮楼门；树干盘曲，遒劲伸展；树冠浓密，一簇簇宛如火苗。远观，每棵树都像一把硕大的火炬，风过时，阵阵松香沁人。家门口种植树木，这是日式洋楼的一个特点。当年，随殖民当局落户大连的许多日本人把这个习惯带到他们希望生根的这块土地上。据说，每搬一次家或者家里每次添丁，日本人都会在院子里栽一棵树。大连市内原来有很多这样门前栽着树木的小洋楼，那些树大多就栽在窗根底下，窗户乃至房子都被树遮掩着，人们往往不理解："日本人不觉得挡光吗？"这些树往往还让人心里犯嘀咕："那些树荫遮掩下的窗口和洋楼里，到底有怎样不为人知的秘密呢？"

这种感觉不无道理，这栋洋楼的首任主人的出身、身份和他从事的勾当的确需要掩人耳目。

说到小楼的第一个主人，他是彼时已经覆灭的清王朝遗老肃亲王善耆的儿子金壁东，此人如今已经被淹没在如烟的史海中，影像模糊不清。但在当年，他官至伪满洲国长春市市长和黑龙江省省长。臭名昭著的女间谍川岛芳子是他的亲妹妹，正是因为他把自己的名字改成金壁东，其妹才顺势有了"金壁辉"这个名字。

关于金壁东其人其事，文献正史几乎没有花费太多笔墨，这个家族的所有风头似乎都被那个有东方魔女"男装女谍"之称的女儿抢走了，而金壁东在伪满政治舞台上只扮演了一个跑龙套的角色，仅三五年时间，就匆匆谢幕。1937年从伪满洲国黑龙江省省长的位置上告退的金壁东刚满40岁，正值壮年，而他隐退的具体原因史焉不详。

金壁东另一个妹妹金默玉在相关回忆文章中记录：1922年，末代肃亲王善耆暴亡后，家务由金壁东主持。辞官后的金壁东，主要精力是看守其家族在旅顺和大连的产业，他之所以史上无名的另一个原因是他过世较早，1940年即追随其父"西去"，尽管短命，却逃过了日后历史对他的清算。据说，他死后，肃亲王家族遗留的产业悉数落进日本浪人川岛浪速的手中，推测这栋小楼也包含其中。

张冠李戴　"王府"之名实属误读

这栋洋楼外观设计采用欧式建筑对称造型，远看像一个戳在地上的双筒望远镜，南向房屋两侧均为半圆碉堡形，中间建筑呈矩形，将两个"碉堡"一"担"挑起。两个"碉堡"外侧又对称建有矩形耳房，其一层分别有台阶入侧门。建筑北向一面则为对称的矩形。

乍看，洋楼地上二层；细看，花岗岩房基上有小门，应为地下室通道。一楼二楼之间有灰白色混凝土流线型装饰，给外表敦实的楼体平添几分灵动气息。如果选取一个合适的角度欣赏这栋洋楼的外观，你会觉得它像一架大

金壁东旧居

钢琴，而欧式坡屋顶上探出的阁楼，既像钢琴上支起的盖子，又像一个顽皮的孩子顶开了房盖儿好奇地眺望远方。

洋楼正门前，有一对两米多高的石狮子，扁鼻凹脸，尽管也都脚踩绣球，却怎么看也不像中国传统镇宅之狮。拾级而上，是日本殖民统治时期洋楼建筑寻常可见的半圆形雨搭，支撑雨搭的是两根造型简单的方形水泥柱。木质大门为高大的两段式，门两侧各有一混凝土倒角窗套的长条窗。木质门窗仍保留昔日直中有曲的造型。

抛开对小楼出身的成见，就建筑本身而言，小楼可谓妙趣横生。

如今，很多人想当然地把这栋楼称为"王府"，这个称呼并不恰当。首先，它的旧主人并非王爷，充其量是个已经覆灭王朝的"贝勒爷"，没有记载表明，他继承了肃亲王的"王位"；其次，末代"贝勒爷"入住此地时，已经完全不以"贝勒"的身份出现，只是伪政权一个高官而已；再次，这栋楼建造于1933年，根据相关资料推测，兴建之初并非专门作为"王爷"或"贝勒"府邸打造，而是此地众多风格统一的和风欧式别墅洋楼中的一栋，倘若当年此地众多风采各异的别墅能够复现的话，这栋楼在其中一定不是最气派的。

一位上了年纪的居民告诉笔者，当年，黑石礁一带王公贵胄、社会名

小楼里尘封着几多趣闻逸事

流很多，那些别墅洋楼多是藏龙卧虎之地，而楼的主人们却并非洋楼的建造者，它们大多由一个在日本殖民当局注册、有着强烈殖民意图的房地产企业——东洋拓殖株式会社兴建，房主们通过购买的形式成为洋楼的主人。试想，如若不是这样，那些从刚刚改朝换代的关内因种种原因落脚大连的丧家王公、落魄名流哪有心情和精力在短时间内再打造合适的安乐窝？

其实，当年在黑石礁金壁东公馆的北面，的确有过一座"王府"，它的旧主人是清朝末代恭亲王溥伟，他曾非常强硬地表示：坚决不住民国地，不吃民国饭。甚至，在祖宗牌位前拍胸脯："有我溥伟在，大清就不会亡。"这个溥伟还曾被日本人当作迫使溥仪就范的手偶，上演过到沈阳祭陵，作势要取溥仪而代之称帝的闹剧。溥伟的儿子回忆过："父亲到大连后，住在日本东拓（东洋拓殖株式会社）给盖的房子里，在大连黑石礁附近，是一栋很大的洋房。1936年，父亲去世后，连地带房都没钱还，后来就被东拓收走了。"那栋堪称"恭亲王府"的别墅当年叫"星浦山庄"，旧址大约就在今日星浦庄园居民小区。

因此说，坊间把金壁东公馆也称为"肃亲王府"是对历史的误读。不过，这个误会多少有点原因。20世纪50年代，这栋楼改为旅大市人民政府交际处黑石礁宾馆，既而与在它北面新建的一座建筑合称"星海宾馆"。20世纪八九十年代，改革开放后高朋满座、经营红火的星海宾馆曾派员赴北京，请溥仪之弟溥杰为宾馆题词，后者欣然命笔"王府饭店"。这个名号一经传播，小楼也被坊间误传为"王府"。

趣闻逸事　小楼尘封乡土记忆

探访洋楼的过程中，笔者也搜集到几段关于这座洋楼的逸闻旧事。

先说一段坊间流传的、不太靠谱的。据说，在日本殖民统治时期的某日，这栋楼里忽然传出一个语焉不详的喜讯，王爷家的格格某月某日要在洋楼的二层平台上抛绣球招亲。在阴沉郁闷的殖民地天空下，尽管没有官方发布，这个绯色传言不胫而走。老百姓宁信其有，在寡淡寒酸的饭桌旁以之为谈资，招亲的消息被传得有鼻子有眼儿的，既而如同长了翅膀一样传遍大连街。

到了传言中的招亲那天，满大街想当驸马爷的青壮男子蜂拥黑石礁，以

金壁东旧居

至于黑石礁唯一一条大马路拥塞瘫痪。殖民当局一看傻眼了，立即辟谣，调遣警力驱散人群。一场抛绣球闹剧不了了之。

另一段发生在此的佳话却是有据可查的，事情发生在洋楼回归人民怀抱之后，被作为星海宾馆的时候。

周恩来总理的秘书成元功在一部回忆录里记叙：1951年春，周恩来因长期超负荷工作，过分劳累，病倒了。开始是感冒发烧，后来低烧不退。中央保健委员会写报告给中央，建议让他到外地休养一段时间。

5月底，周恩来到达大连，就住在星海宾馆的小洋楼里。开始，他只在院子里或者在院子附近散散步，一个星期后，他提出要到远郊风景区或者公园去看看。当时正是抗美援朝期间，大连和朝鲜隔海相望，周恩来已是一国的总理，一旦被认出，必然招来一些群众的围观，暴露目标后，很有可能遭到敌机的袭击和美蒋特务的暗杀。

警卫同志考虑来考虑去，觉得能让总理安全出门的唯一办法就是化装。

小楼无言，却承载着老大连段段回忆

考虑到6月天不能戴口罩，警卫提出留胡子，大家都同意。

从接受工作人员建议那天起，周恩来就留起了胡子，由于他胡子长得特别快，一个星期两撇八字胡就长得很像样子了。他先是参观一个工业展览，又参观了一个体育馆，都是由时任大连市市长韩光陪同。可是没过几天，总理就改变了主意，总理边刮脸边说，你们让我留胡子是从安全考虑，是好意，但这里有苏联驻军，美国飞机是不会来的，只要相信群众，依靠群众，做好工作，是不会出问题的。短短几句话，打消了警卫人员的顾虑。

也是在这次疗养中，总理还留下了一段爱民佳话——当时，为了不影响周总理休息和工作，有轨电车只开到星海公园站，星海公园站至黑石礁站停开。此事被周总理知道了，他说："工人和市民同志工作很辛苦，电车停运，他们上下班只能步行，不能因为我一个人给群众带来这么大麻烦。"立即下令纠正，让电车一路通到黑石礁站。

一位当年星海宾馆的职工告诉笔者："当年星海宾馆是大连市重点接待单位，其地位不亚于后来的棒棰岛国宾馆，接待过许多高级首长，其中不乏将帅身影。"

有新闻报道记载，1955年2月，开国元勋贺龙参加的一个代表团到大连慰问苏军代表团，也下榻在这栋楼里。当时，旅大市委副书记傅忠海曾是长征时期贺龙领导下的红二方面军九十六师二八六团的政委，是贺龙的老部下。贺龙此行亲自给傅忠海打电话，邀请他到星海宾馆做客。贺龙让警卫员到市场上买了一条活鱼，然后亲自下厨。在饭桌上，贺龙还笑着对傅忠海说："这样慰劳怎么样？"

……

白云苍狗，往事如烟。小楼无言，却尘封了老大连段段回忆。有的苦涩，如同旧伤不忍触碰；有的温馨，仿佛家书百读不厌。我们的城市不乏历史与文化，但无形的历史与文化需要各种各样有形的载体。那些神采各异、逸闻加身的老建筑就是其中一种载体。从某种角度上说，它就像美人脸上的痣子，有时看上去扎眼，却不能轻易"激光祛除"，否则就失去了特有的韵味。

文/周媛

张本政旧居

殖民羽翼下的寄生者

世事变迁，如今，作为殖民统治时期大连历史的见证，张本政旧居被列为大连市重点保护建筑之一，其外观与摄于20世纪20年代的照片相比，只有些许改变，木窗换成了塑钢窗，外墙贴着黄色的墙砖……然而，时间却跨越了一个世纪，和时光一起掩埋殆尽的还有那些很少被提起的陈年旧事。

西式别墅建筑的前世今生

在出版于2003年的《大连老建筑》画册上，简短地记录了张本政旧居的来龙去脉。"它坐落于甘井子区栾金村，建于1920年前后，属欧式建筑。建筑面积1500平方米，外有家庙480平方米。该楼地上二层，地下一层，原是政记股份公司总经理张本政私宅。"

从大连理工大学老校区的西门正对着的那条马路向前走，不远处就是大连市第七人民医院，张本政旧居静静地坐落在七院院里——一栋白色的二层小楼，作为院里的一所办公楼仍然在使用。1951年6月，张本政死后，这所私人住宅被政府改成第五战勤医院，专门收治在抗美援朝战争中英勇负伤的战士。再后来，这里成了大连市第七人民医院，至今。

张老先生出生于1932年，是张本政的侄孙，5岁起他曾经住在这里。他的爷爷张本发，是张本政的胞弟。张老先生身高184厘米，瘦瘦高高。"老了，矮了一些，年轻时更高一点。张家的男人大多是这样的身材。"他说。

张本政

张老先生能完整地画出位于栾金村张本政旧居的平面图，"今天留下来的建筑——两层小白楼和一处家庙——只是当年张家大宅面积的二十分之一。"

张老先生曾经去过现存的张家老宅，他曾对笔者说，如今二层小楼的对面盖起了七院的新住院部，"那里曾是张家大宅的伙房和马厩所在地。"张老先生平静地指画着地图上的位置。据张老先生说，张家原来住在旅顺黄泥川，黄泥川姑儿沟（也叫姑子庵沟）只与现在的栾金村隔了几座山。后来，张本政将家从黄泥川搬到了栾金村，建起一排四个大院。每个大院都有七间正房，中式的大瓦房，东西两个厢房，并配有门房。每个大院都有一个大黑门，自成一体。大院后身是花园，四角还有角楼，大院的前面是一大片菜园，还有一个猪舍。

张本政本来是兄弟两人，但是一直有"政发财"三兄弟的说法，"其实我的三爷爷张本财与我爷爷不是亲兄弟，而是爷爷的堂弟。因为三爷爷的父亲早亡，就由我的太奶奶养大，所以他们三人亲如兄弟。"张老先生说。

从大院的房子分配就能看出他们三兄弟的关系。"西一院是最早的家庙所在，西二院是张本政居住的，东二院是张本发住的，东一院则由张本财居住。"张老先生回忆。

张本政的生意发迹于20世纪初，据研究张本政多年的旅顺日俄监狱旧址博物馆的周爱民介绍，日本人取得了日俄战争胜利后，大连富豪德合洋行的张德禄被日本殖民当局以"俄奸"通缉，张本政在日军的支持下，将张德禄的"大德合""小德合"两艘轮船及其他财产廉价夺归己有。经济实力扩大后，他开设了"政记公司"，并不断扩充轮船，在大连、安东（今丹东）、天津、青岛等地设立"政记公司"支店，依靠敌势勒索民财，积极资助日本侵华。从1908年起，又陆续开办了"政记油房""政记铁工厂""政记钱庄"和"瓦房店窑业公司"，并在青岛、烟台、龙口等地的银行投资。

家庙外侧

家庙内院

1920年，张本政依靠日本人的势力筹集了10万股，共计1千万元的资金，将"政记股份公司"改组为"政记轮船股份有限公司"，并于中国香港、上海、广州等地设立支店或分公司，以其拥有的21艘轮船称霸中国航运业——张本政旧居的建造年代与张本政的发家史紧密契合。

张本政的生意越做越大。"我爷爷张本发这一房后来从栾金村搬到了金州居住，也可能是因为要照顾张家在金州以南的生意。"张老先生说他就是出生在金州的，上面有两个哥哥，他排行老三。1937年父亲去世。

"说起来，我们能够搬回栾金村老宅，还是因为大爷爷张本政的一句话。我爷爷张本发爱娶媳妇，他先后娶了十房妻妾，其中还有一对姐妹，所以我的叔叔、姑姑很多。我父亲虽然行三，但是他上面的两个哥哥，一个早夭，一个过继给了我的三爷爷张本财，所以按照那时的规矩，我父亲算得上爷爷的长子。我父亲去世时，爷爷根本照顾不到我们。这时大爷爷张本政就说，'孩子们都大了，也该读书了，让他们搬回栾金村住吧。'就这样，守寡的妈妈带着我们兄妹四人搬回了栾金村。"

回到栾金村张家老宅时，这里的居住格局已经改变了。张本政在原来大院的东北方盖起新宅，一栋两层白色别墅，自成院落，院子里有一处账房。东边的院墙有一个小门通往车库，车库的东边是家庙，家庙的东边是一处三进的院落。第一进是个幼儿园，叫"德纯家祠幼稚园"，张家的孩子还有附近的孩子都在这里上学，"我在那里上学时，就有几十个孩子。"张老先生说。后面是教室，最后一进是礼堂。"如今，只剩下别墅和家庙留存下来了。文物专家称，家庙是迄今发现的东北地区保存最完整的家庙。其实家庙的正殿前原来还有两块石碑，一座铜像。我父亲死后，他的画像也曾挂进了正殿之中。"

响在家庙里的太平鼓声

每年过年和拜寿，张老先生和兄弟姐妹们才能进入大爷爷的别墅里。在他的记忆中，这栋别墅富丽堂皇，木质楼梯、暗纹玻璃，客厅里放着落地钟，地下铺的地毯一尘不染。

对着照片，张老先生默想了一下二层小楼当年的格局，"它的地下部分是厨房和饭堂，一楼正厅顺着楼梯走上二楼就是客厅。张本政住在二楼东侧带飘窗的房间，他的原配门氏夫人住在他的楼下。这栋别墅里，只有门氏夫人的房中搭了火炕，其他的卧室都是床。"

门氏夫人身体不好，基本不管事，所以家事都是二夫人王氏主理。"大爷爷张本政只娶了这两位夫人，这位二夫人个子高，身板壮，脾气厉害，口音浓重，因为是山东胶州人，所以人送外号'老胶州'。二夫人把家管得井

飘窗这种建筑风格早已存在

即使在今天，这样一栋别墅也属华丽，它已经在这里存在了 90 多年

井有条。"

门氏夫人身体一直不好，家庙建成后，有一年门氏夫人生病，她许了愿，病好了要怎么样。后来真的好了，就在家庙里还愿。"我还记得，家里请了太平鼓，铃铛声随着太平鼓的起落叮当作响。门氏夫人带着子孙们跪在蒲团上，虔诚地祷告。"

1947年，张本政从大连逃离时，门氏因为体弱走不了山路，留在了大连。"她搬出了别墅，与我母亲居住在了一起，就住在凌水桥头的一个宅院里。她去世是在大爷爷之后。"张老先生说。

与张本政旧居一起被列入老建筑保护名单的还有家庙。在张老先生童年的记忆中，家庙的院子是玩耍的地方。每年年三十，张家都会在此举行祭祖仪式，所有张氏成员都要进入，依次站好，进行各种仪式。家庙的正殿是一溜七间正房，带门廊，红漆的柱子。祭完祖后，家庙就会开放，附近的老百姓都来看热闹，在此敲锣打鼓，说说唱唱热闹一番。

张老先生还记得，1942年，他们家就从原来的张家大院搬到了凌水桥头附近的一处宅院里居住。之所以把原来住的东一院让出来，是因为日本人在凌水湾修船坞。1942年，日本人在太平洋战场上已经泥足深陷，钢铁等战略物资紧缺，当时日本人想着建造水泥船出海，于是就在凌水湾修建了船坞，造水泥船。"当时有军队和劳工聚集在了凌水湾，有一些朝鲜人为军队开军车，东一院就被征用给这些朝鲜司机住。据说，当年他们一共造了两艘水泥船，一艘开出船坞不远就断裂沉没了，另一艘就吓得没有出坞。"张老先生说，现在想想，那时有多么异想天开，日本人想摆脱困局的心情又是多么迫切，所以才会做出如此疯狂的举动。

1945年8月15日，日本宣告投降，大连宣告解放，被压迫的大连人民走上街头欢庆胜利。

张本政的人生终止在1951年的夏天。

自从20世纪50年代，张家大院发生过很多的变化。1947年，这里做了小平岛区政府，原来的家庙成为渔网厂。后来，苏联红军利用这个渔网厂的资源生产战地防护网，用于装备军队指挥所和坦克。再后来，抗美援朝战争爆发后，张本政旧居在一个月内改成了第五战勤医院，收治在战争中受伤的士兵。1953年，这里一度被改成结核病医院，不长时间后，这里成了大连市第七人民医院，至今。

文／杨鹏

张本政旧居

八七印象

小洋楼里的故事

　　说起大连的老建筑，小洋楼是不能不提的。与日本房、中国房相比，在大连的老建筑中，小洋楼有着独有的贵气，它们或是建造别致的高级住宅，或是奢华一时的独立别墅。曾经它们是大连人身份的象征，任世事变迁，建筑本身的贵气不在，但住在其中的人，在那里发生的故事却历久弥新，不能改变。

　　大连小洋楼的代表之作，要算位于岭前山上八七疗养院院内的那几十栋穿越半个世纪，甚至走过百年的洋房。

　　从青泥洼桥出发，沿解放路一路向南，至桃源桥，向右遥望，便可看见一座座精致的小楼林立于苍松翠柏之中，这里便是带着几分神秘色彩的八七疗养院。如今的解放路已高楼林立，八七疗养院内的这些小洋楼，记录了大连过往的历史。

　　"八七"位于岭前山上的文化街。日本人习惯称平地为町，坡地为台，所以在1904年至1945年日本殖民统治时期，这里被称为文化台。而"八七"的这几十栋洋楼也诞生于那个风云变幻的年代。

　　文化街的小洋楼，当年是为南满洲铁道株式会社（简称"满铁"）科级以上官员建的住宅，当年日本人认为这里亲海而不近海（离海边约3公里），不潮，适合居住，所以在这里选址建了这片高档住宅区。后来，也有一些富有的商人和官吏跑到这里凑了热闹。

作家素素在《流光碎影》一书中这样写道："清末民初，朝野一片混乱，住在京城里的皇亲国戚、遗老遗少、政客军阀，惶惶如丧家之犬。于是，大连成了一个避难所。他们把行迹和面孔隐藏在小洋楼里，或做复辟之梦，或求政治庇护，或者就做寓公。"

的确，在那样一个年代，无论是"夜夜盼君见"的末代皇后婉容，还是忠心耿耿的"国务总理"郑孝胥，抑或是亡命天涯的"山西王"阎锡山，他们都在特定的时间选择了隐居于大连的这些小洋楼，并留下许多至今难以解开的历史之谜。小洋楼建筑本身的历史价值加之其主人的纷繁经历，让它们每一座都颇具传奇色彩，成为难以估价的瑰宝。

时光荏苒，小洋楼的主人几经更迭。1952年，文化街一带归属部队建了疗养院，成为全军最早建立的三所正师职疗养院之一。据八七疗养院的老领导回忆，当年，洪学智在此选址后，龙开富将军在疗养院筹建初期，将岭前山上的小洋楼一栋栋从原主人手中买了回来，其间颇费周折。当时，疗养院叫作东北志愿军疗养院，主要是用于负伤志愿军官兵疗养，在当时的大连市乃至全军都是数得着的疗养胜地。20世纪60年代，按照全军疗养院排序，这

"八七"院内，每条宁静的路都写满光阴的故事

文化街

里被称为八七疗养院，"八一"在兴城，大连还有"八二"和"八五"两个疗养院。

如今"八七"早已不叫"八七"，曾经几易其名，现称中国人民解放军联勤保障部队大连康复疗养中心，而执着的大连人至今难以改口，依然叫着它半个世纪前的名字，历史就这样被记录下来。

漫步院内，近百年的大树苍郁入天，仅珍稀的紫杉树就有30多棵，与那些和风的别致小洋楼相映成景，别有一番风情。因为这里由部队进行管理，所以少有游人。院内的小楼、大树都挂有牌子，向你讲述着它从哪里来，经历了哪些故事，让这里宁静又不失趣味。

"八七"是个有故事的地方，而这里的故事源于这些有名有姓的小洋楼，源于它们历经风雨不倒，成为凝固的记忆……

文/林芝

徐海东居所

见证戎马将军的平静时光

在静谧的八七疗养院的北门外，新起的居民楼间，自上而下，隐藏着三栋公寓式小洋楼，中间的那栋小楼因为曾经的主人是共和国大将而卓尔不群。从1947年到1956年，大将徐海东曾在大连，曾在这栋小楼内休养，这个对外称文化街75号的地方，也被后人们称为徐海东楼。

傍山建筑，静中之静的地方

三栋楼中，一栋是警卫班和秘书的住处，最后面的是徐海东的夫人和孩子们住的地方，徐海东住的是中间的一栋。徐海东楼建筑面积达500多平方米，始建于1930年，是一栋典型的欧式建筑。小楼居于山坡上，远离吵闹，是静中之静的地方。

小楼的庭院里有些菜地，西南角有一座小凉亭，对应的东南角上有一个小水池，徐海东在连养病的时候，热心的大连人就曾把捕获的淡水鱼放到小池里养着，让炊事员做给徐海东吃，他们知道来自湖北的徐海东只吃河鱼。

如今的小水池里，依然有几尾红鲤相戏。

小楼的内部格局和大连市内现存的小洋楼相差不多，长条的木质地板，木楼梯通向二楼，踩在上面咚咚作响。

1950年春天的一天，徐海东指挥着身边的警卫人员烧水、擦地板。时近中午，听到院里一声汽车喇叭响，心情激动的他竟然不用警卫帮忙，手扶着楼梯站了起来，还走了几步，很快他看到了周总理。周总理看到已经站在楼梯中间的徐海东，惊讶道："你怎么下来了？"

一楼的几个房间供徐海东贴身警卫居住，这些警卫虽然配枪，但执行的勤务工作更多于安全保卫。二楼有四个房间，窗户全部朝南，徐海东的卧室就在其中的一间。60多年前，窗前一片空阔，从这里能看到海。60多年后，这里的老地板被铺上了红地毯，四周拔地而起的居民楼也让大海退出视线之外。

虽然小楼现今已被出租，成了一家公司休闲娱乐的场所，但小楼大门上的铜质牌匾告诉人们，徐海东大将曾居于此。

静养之乐，曾观将帅顶级牌局

八七疗养院内曾有一块石碑，上面镌刻着毛主席手书的"静养"两个朱红大字。"静养"二字出自毛泽东1950年8月20日给徐海东的回信，信中说："海东同志，7月17日来信收到，病有起色，甚慰。我们大家都系念

徐海东大将在大连的这栋小楼里平静地休息了八年

你，希望你安心静养，以求痊愈。"一代领袖对战友的关念之情流淌在字里行间。

毛主席忘不了徐海东。1935年，当人困马乏的中央红军初到陕北时，先期到达的徐海东节衣缩食，为中央红军送去了5000块大洋和军需。有什么比雪中送炭更让人没齿难忘？多年后，中共八大开会前，徐海东曾在北京短暂停留。一日，毛主席亲自迎出大门，和徐海东手挽手，一起走进会场。和与会的代表见完面后，毛主席依旧手挽着手，把徐海东送出大门，眼见他的车渐行渐远。

毛主席说："徐海东是对中国革命有大功的人。"中共九大时，毛主席指名让徐海东参加，在主席台的第二排，徐海东一人独坐。

20世纪50年代，人心向上，百废待兴；将帅之间，心无芥蒂。在大连休养的几年里，周恩来、朱德、彭德怀、聂荣臻、叶剑英、刘少奇和邓小平等许多领导人都曾来到大连，看望徐海东，小洋楼里不时传来老战友相聚的欢笑，甚至打纸牌的声音。徐海东的贴身警卫胡宝玉回忆说，徐海东和朱德打对家，对手是聂荣臻和叶剑英。

元帅、大将，牌桌之上，互为对手，这绝对是顶级的牌局。

闲来战友同聚，将帅相娱，膝下子女围绕，其乐融融，成了徐海东楼最为温馨的回忆。

大连适宜的气候，清新的空气，疗养所无微不至的服务，使疗养中的徐海东身体渐强。楼前的水池里，有热心的当地人送给他补养身体的大鲤鱼。这位一生戎马倥偬的将军在大连享受着和平和宁静，度过了他一生中难得的轻松时光：好天里，他曾被警卫抬到院中，静静地沐浴着温暖的阳光；他曾去人民文化俱乐部看过梅兰芳先生的演出；他曾到过小平岛，通过望远镜的镜头看辽东半岛反登陆军事演习，遥想当年的金戈铁马……

徐海东居所

小亭子曾见证将帅顶级牌局

口述实录

美国著名记者埃德加·斯诺曾在他的名篇《西行漫记》中说："中国共产党的军事领导人中，恐怕没有人比徐海东更加'大名鼎鼎'，也肯定没有人比他更加神秘的了。"在中国陕北的窑洞前，一个初来乍到的外国人对一个红军将领难免把握不准。多年后，年轻的警卫胡宝玉和徐海东同住在一栋小洋楼里，首长住在楼上，他住在楼下，徐海东对他来说一点儿也不神秘：他睡觉时头上总盖着个毛巾；他爱吃清淡的饭菜；他喜欢留战友在家中吃饭……

2012年，笔者在大连约见了胡宝玉，让他打开记忆的相册，重新拾起发生在徐海东楼里的诸多小事。

"你读了三年书，还不够"

楼前的水池中曾放养了大家送给徐大将军的河鱼

1951年，刚刚21岁的胡宝玉已经是大连公安部队的一个重机枪手，就在部队奉调准备入朝作战的时候，连里领导把他叫去了。"当时就等着上朝鲜去打仗了，我咬破手指，在请战书上用鲜血写下自己的名字。"

在连部，领导告诉他不用去朝鲜了，让他去给首长当警卫员。"给哪位首长当警卫员？"胡宝玉有点蒙。"你猜猜？"连里的干部卖起了关子。"是团长吧？""不对，再大点。""是公安部队司令？""不对，再大点。他在红军时就是司令了。"看胡宝玉真的猜不出来这位首长是谁了，连干部说："是徐海东首长。"到这时，胡宝玉也不知道徐海东是谁。

当徐海东的夫人周东屏领着胡宝玉来到文化街75号时，他才第一次见到徐海东。徐海东握了握胡宝玉的手，问："叫什么名字？多大了？什么地方的人呀？读书了没有？"胡宝玉一一作答。当听胡宝玉说只念了三年书，徐海东说："你文化低了点，你读了三年书，还不够，还要继续读书。"

胡宝玉说，尽管因为身体不好，徐海东平时大部分时间是坐着，但他站起来能有一米八多，"我们这几个警卫员，没有一个比首长的个头高。"从1951年到1956年，作为贴身警卫，胡宝玉在文化街75号的三层小洋楼里，陪伴首长五年。

"首长，我不知道小衣是什么"

有一年，中央电视台来到大连，专程找到胡宝玉，让他带路来到徐海东楼，采访拍摄电视纪录片《大将徐海东》。胡宝玉再次踏入徐海东楼，故地重游，对于这里的一草一木、一砖一瓦，胡宝玉都了然于胸。

"文化街75号其实是三栋楼组成的，一栋楼住徐海东的夫人周东屏和孩子们，一栋楼住警卫班和秘书，我们六个贴身警卫和首长住在现在的徐海东楼。"胡宝玉说。

现在，再去徐海东楼探访时，发现警卫班住的小楼已经住上了几户人家，周东屏住的小楼成了一所外语学校。

60多年前，住在小洋楼里，地板地面让胡宝玉感到新奇，"每天擦一遍地板，保持卫生，不能穿皮鞋在上面走动，必须穿布鞋，这样才不打扰首长休息。"

刚给徐海东当警卫员，胡宝玉几乎听不懂首长的湖北话，徐海东喊"胡宝玉"，在胡宝玉的耳朵里竟变成了"火爆肉"，脑壳变成了"老

胡宝玉曾是徐海东贴身警卫，陪伴首长五年

徐海东居所

壳"。有一次，几个警卫员帮徐海东洗完澡后，徐海东说："火爆肉，你去给我拿一件小衣来。"胡宝玉没动地方，想了半天，他才小声地说："首长，我不知道什么是小衣呀。"徐海东看了看胡宝玉，说："嘿，小衣你不懂，小衣就是裤衩呀。"这时，首长和警卫们都笑了。

"首长住在楼上，我们警卫住在楼下。"胡宝玉说，"首长洗澡的时候，我们通常在他的卧室里放上一个大木桶，把烧好的水倒在里面，再把一只小木凳子放到里面，让首长坐在木桶里。这时我们才看到首长浑身上下到处是枪伤，有的还是刺刀扎的，让人看了心里酸酸的。"

洗完澡，胡宝玉把徐海东扶到床上，临睡觉前，徐海东说："火爆肉，你拿一个毛巾给我把脑壳盖上。"胡宝玉说："首长在战争年代，一颗子弹从他的左腮打进去，从左耳后钻出去，留下来的这个枪伤让他总觉得后脑发凉，所以睡觉时必须用毛巾捂上才行。"

客厅见证重要历史瞬间

行动不便的徐海东平时的活动范围只是在二楼的客厅和自己的卧室里。"平时他都是坐着，外面天气好了，我们几个就让他坐在藤椅里，几个警卫一起把他抬出去，晒晒太阳。现在那只藤椅摆放在中国革命历史博物馆里。"胡宝玉说。原先二楼最大的一个房间是客厅，当时客厅里摆放着沙发和写字台，每天晚上有两个警卫员在这里值班，随时听首长电铃召唤。也因为客厅宽敞，所以许多领导人来看望徐海东时，大家都在这里合影留念，宽敞的客厅见证了许多难忘的历史瞬间。

1955年，周总理来到大连看望徐海东，并告知他将被授予中国人民解放军大将军衔，徐海东不安地说此荣誉太高。"总理说，'海东同志，你没有做什么工作，是因为你为党、为中国革命事业受到了损伤。党中央让你安心养病，这就是你的最大的工作。授予你大将军衔不高也不低，这个荣誉你还是要接受的。'"胡宝玉说，周总理说这话时，他和另外两个警卫员吴必华、林福山和秘书郑仁智都在场。

胡宝玉说，总理曾先后三次来连看望徐海东。"1955年春天那次，说是中央首长要来，我们警卫员又是刷地板，又是擦玻璃，还有的烧水准备泡茶。等了半天没来，海东首长安慰我们说别着急，他自己也有点着急了，竟然不用人扶着，自己站了起来，在客厅里走了几步。"

没有什么比曾经的首长和战友的到来更让徐海东高兴的事了，朱德、聂荣臻和叶剑英来到大连看望徐海东时，几个老战友来了兴致，竟一起来到楼外打起了纸牌。胡宝玉说，这几位将帅有时也为输赢钻牛角尖，又喊又笑。

老战友来了，徐海东肯定要留他们在家吃饭，"有的首长说要走，海东首长就说，'别价，都准备好了呀。'"胡宝玉说，"海东首长自己不吃海鱼，只吃河鱼，可是战友们来了，他就把海鲜摆上了。海东首长口味清淡，爱吃蔬菜，他有一个湖北菜厨师，也姓徐，海东首长称他三叔，我们叫他徐三爹。"

一件料子服，舍不得穿

当时的八七疗养院有两辆高级轿车，一辆是美国道奇，一辆是苏联吉姆，这是中央为了照顾徐海东出行配备的。胡宝玉说："道奇车是解放长春时缴获的，苏联吉姆车更大一些，司机名叫王奠升，开车技术非常好。"

每次徐海东外出时，小轿车都会停在二三十米外的大门口，警卫员们把徐海东慢慢地抬进车里。胡宝玉说："徐海东的小儿子徐文连上小学时，平时都坐电车上学。有一次天气不好，周东屏就让他坐首长的小轿车上学，徐海东后来知道了，把周东屏狠批了一顿。"

"徐海东特别会过，喝过的啤酒瓶子他让留着。有一次我的一双鞋丢了，首长

徐海东居所

小楼门前曾驻足过许多来探望徐海东的高级领导

说你去卖几个瓶子，再买一双鞋吧。他有一套米黄色卡其布外套，已经穿了好几年了，不能再穿了。我们跟他说换一件吧，首长说挺好，不换。后来，大连市委领导傅忠海来看望首长，对他说，'海东同志，你是一位高级领导，经常接见苏军等外宾，穿得不好，不雅观，也不礼貌。'这样，首长才又做了一套料子的中山装。我记得他穿这套衣服去人民文化俱乐部看了一场梅兰芳的京剧演出，回来就跟我们说，'赶紧换了，别弄脏了'。"

我在首长骨灰前敬了一个军礼

在徐海东身边当警卫员的五年是胡宝玉一生中最为幸福充实的时光。

五年间，他倾听首长教诲，不断进步，他还在八七疗养院学会了跳舞，曾拉着徐海东的女儿徐文惠一起为首长"表演"。

胡宝玉珍藏了一张珍贵的照片，照片上徐海东端坐中央，胡宝玉和其他五个警卫员分站两边。胡宝玉说："这是1956年2月9日拍的。"当时知道首长要搬到北京了，胡宝玉提议："首长，咱们合张影吧，留个纪念。"徐海东说："你想得挺好的。"

五年时光难忘。胡宝玉说，按规定给首长当警卫员不能超过30岁，所以在临去北京前，徐海东曾让胡宝玉选择，要么到部队当副连长，要么去步校学习。可是胡宝玉只想留在大连，后来他又从旅大警备区被调到黑龙江军区。

1977年，胡宝玉来到北京，他要"看看首长"。徐海东的夫人周东屏领着他来到八宝山革命公墓。在一号室，徐海东大将的骨灰盒前，胡宝玉立正，向敬爱的首长端端正正敬了一个军礼。

文／刘爱军

毛岸青居所

鲜为人知的一段记忆

在八七疗养院的一个角落，静静矗立着一栋红色的哥特式建筑。因为近几年修缮过，这栋小楼看上去颇为精致典雅。在建筑的外侧，有块圆形铭牌，上面写着"23、1927、298"三组数字。这表示它是院内的23号楼，始建于1927年，建筑面积298平方米。据史料记载，这栋建筑原为日本殖民统治大连时期高级军官别墅。2009年，被确定为大连市第三批重点保护建筑之一。

对于这栋被冠名"毛岸青旧居"的建筑，也有着几种不同版本的故事。一种说法是毛岸青就是在这栋小楼里举行的婚礼，但这种说法显然缺乏有力的佐证。

而另一种说法则来自海军大连舰艇学院刘永路教授。2007年，他采访了原旅大市公安局警卫处处长兼交际处处长张世保老人。1959年至1962年，毛岸青在旅大疗养期间，张世保全面负责毛岸青的警卫工作并照顾其生活，还协助旅大市委的同志共同为毛岸青和邵华在旅大操办了婚事。

据张世保回忆，1960年，毛岸青和邵华的婚礼在大连宾馆会客厅举行。37岁的新郎身着藏青色中山装，22岁的新娘身穿鹅黄色连衣裙，两人的胸前都佩戴一朵红花。婚礼由中共旅大市委第一书记郭述申亲自主持。毛岸青和邵华结婚后在旅大生活了近一年时间，他们的新居在南山宾馆的一个套间里，房间里有一个小仓库，被改作洗相的暗室。酷爱摄影的邵华，经常拉着

如今的毛岸青旧居已被修葺一新

毛岸青到海边和各个公园游玩照相。1962年春天，毛岸青夫妇离开旅大回到北京。

刘永路教授采写的这一段叙述后来刊登在2007年4月3日的《中国国防报》上，据说报社在刊发之前，还专门请邵华审阅了此稿。由此看来，毛岸青在大连结婚的版本这一种才是真实的。

不过，此楼也不是徒有虚名，毛岸青也的确住过这里。1964年，他们一家再次到大连疗养，住进了八七疗养院内23号楼。他们自己带来了炊事员、管理员、秘书和司机，秘书是医生兼任的。当时毛岸青来大连属于高度机密，他们何时来何时走，只有很少几个人知情。曾在八七疗养院采访刘福有、郭庆山、万明奎三位老人时，郭庆山老人回忆说，毛岸青和邵华来八七疗养院疗养时，在疗养院俱乐部工作的他还给邵华送过电影票。老人回忆，因为疾病的原因，毛岸青极少外出露面，就是见到人，也极少说话。倒是邵华，待人接物都很客气。

毛岸青居住之后，这栋建筑几乎再没有显赫人物住进来，于是，"毛岸青楼"也就成了这栋建筑的代名词。21世纪初，和姊妹楼一样，这栋楼也采取"以租代修"的方式，进行管理和保护。2019年年初，笔者再访八七疗养院时这栋楼已经无人居住，闲置了下来。

文/谭可歆

婉容楼

末代皇后的凄凉身影

穿过解放路，踏着青石台阶拾级而上，顺着石板路，步入八七疗养院。正值初夏，午间的阳光明媚温暖。院内繁花似锦，香气怡人。在入口处的姊妹楼略一顿足，再沿石子路左拐上行几十米，婉容楼便在眼前了。在树丛掩映之中，这栋欧式坡顶建筑现在看来风采依旧，二层砖石结构的别墅，有露台有庭院，坐落于桃源街岭前这半山的文化街上，幽静而闲适。透过矮小的栅栏向内探视，石板路阶，虚掩木门，青砖脊瓦，在树荫漏下的琐碎光线中律动起来，突然给人时光交错的感觉。这里，曾经留下过一个旗装女子的凄凉身影。

房主在物理学和昆曲方面造诣深厚

在八七疗养院相关领导的娓娓叙述中，和这栋楼相关的人和事渐渐清晰。这栋楼之所以叫婉容楼，自然指的是清朝末代皇后婉容曾经在这里居住过。而这栋房子真正的主人，却是清末进士、学部专门司司长王季烈。王季烈在清末可是一位响当当的人物，他1873年9月7日出生于江苏省长洲县（今苏州市）一个士大夫家庭，祖上从明朝始就有人入朝为官。父亲王颂蔚在清廷官拜三品，母亲谢长达曾创办了振华女校。1894年，王季烈中举。两年之后他去了上海江南制造局，并与英国传教士傅兰雅合作翻译了《通物电光》

一书。之后他钻研近代物理学，受到张之洞赏识，进京考取进士，官升学部郎中。王季烈的科学成就在今日看来也是很辉煌的，他翻译出版了中国第一本以"物理学"命名、具有大学水平的教科书，还编著了中国第一本中学物理课本，主持编印了《物理学语汇》，为近代物理学在中国的传播做出了重要贡献。

清末民初，局势动荡，朝野飘摇。王季烈筹办过扶轮小学、扶轮中学，因醉心昆曲，还办过业余昆曲社。作为一名学者型官员，王季烈在物理学和昆曲等方面都有着很深的造诣，才学之广令人惊叹。随着清廷崩落，皇族逃散，1927年，王季烈如诸多清朝遗老遗少一般，迁居大连，身做寓公。

王季烈自然是很有头脑的一个人，他在大连做起了"开发商"，营造房地产私宅而后变卖。在游走大连多日之后，他看好了其时被日本人称为"文化台"的这块依山高坡的宝地，为自己修建了一栋二层欧式别墅，并在附近为自己的两个宝贝女儿各建了一栋别墅，也就是后人所称的"姊妹楼"，可见王季烈宠女爱女之心。

在大连生活期间，王季烈除了做房地产生意，也经常去金州的明伦堂讲学论道，聊聊《孟子》，因其名声显赫，听讲座的人很多。

末代皇后曾住在这里

作为清朝的遗老遗少，王季烈对皇家和清廷还是有着诸多幻想和希望的。1931年，日本人把溥仪控制在旅顺，孤身留在天津的皇后婉容思君心切，也无所依傍，渴望能赶到溥仪的身边。身在旅顺的溥仪，也同样思念着自己的皇后，后来，川岛芳子去天津将婉容带到了大连。然而，踏上大连土地的婉容没有想到，与溥仪的团聚却受到了日本人的阻拦，她面临无所可居的尴尬境地。幸好王季烈与婉容的老师是同科进士，在老师引荐下，婉容住进了王季烈的别墅。

婉容的入住令王季烈很兴奋。王季烈的内心中依然认同"皇帝"和"皇后"高高在上的身份地位，因此非常看重婉容的到来。他把别墅整个二楼都腾出来给婉容居住，并在饮食起居上尽可能做到最好。然而婉容此行只有一个目的，就是要跟溥仪在一起，目的达不成，自然就不会快乐。婉容夜难寐食难安，房间里弥漫着哀伤的情绪。终于，她开始崩溃，她在这里哭闹，在

婉容楼

这里嘶喊，在这里度日如年。一个月之后，日本人终于勉强同意她到旅顺与溥仪相聚。而正因王季烈对婉容照顾有加，伪满洲国成立后，他被委任为伪满"宫内府顾问"。

婉容离去之后，王季烈也并未在此终老。此后没几年，王季烈返居苏州，寄托于昆曲研究。1949年中华人民共和国成立后，王季烈赴京准备参加文史馆工作，却不想因病瘫痪。1952年3月1日，他病逝于北京。王季烈别墅因末代皇后婉容的短暂居住，而使这栋小楼闻名于世，空余今人对历史的诸多谈资和慨叹。

文/王玲

姊妹楼

曾经的辉煌与风雨

　　走进松柏掩映的八七疗养院大门，首先映入眼帘的是两栋褐色的连体三层别墅。它们有标准的地理名称：文化街101号、103号。然而，它们为大连人所熟悉的是另外一个通俗形象的称谓：姊妹楼。

两种身世的谜团

　　在文化街101号的楼门前，有一块铭牌："姊妹楼：省级重点保护建筑。建于1930年，建筑风格为欧式坡屋顶建筑。近代重要史迹及代表性建筑。原为清末进士、学部专门司司长王季烈为其两个女儿所建，故名姊妹楼。苏军驻扎大连时，朱可夫元帅等高级将领曾经入住。20世纪50年代，刘少奇、周恩来、朱德等党和国家领导人来疗养院视察和疗养时，也曾经在此居住。"

　　这似乎是姊妹楼言之凿凿的注释了。然而，很长一段时间以来，关于姊妹楼的来源，却有着两种"有根有据"的说法。除了上面铭牌的解释，还有一种说法：姊妹楼原为李氏兄弟私宅。1930年，当时的富商、大资本家李昌昆、李昌达兄弟在文化台（现文化街）103号盖了两座和风欧式的住宅楼，也被称为姊妹楼。

　　这两种说法，此前笔者采访时都听说过，也都有见证人。2011年夏天，

从高处望去，两栋楼相依而建，宛如姐妹相依

在疗养院原院长刘福有的联系下，笔者见到了1952年跟随部队来到大连，也是疗养院建院元老的郭庆山老人。郭庆山生于1928年，采访那年他83岁。聊起姐妹楼，郭庆山老人说，这两栋楼是王季烈所建。根据在哪儿呢？原来，20世纪50年代中期，王家曾经有后人来到疗养院，想要回姐妹楼的产权。这件事情在疗养院还引起了不小的轰动。虽然这事不了了之，但却证实了姐妹楼来源的其中一种说法。但2012年冬天，一位老人打来电话，说是李氏兄弟的后人，也从一方面证实了姐妹楼是李氏兄弟的。因此，它们究竟为谁所建，依旧带有问号。

曾是大连的高级别墅，同时住过数位元帅

姐妹楼建筑和装饰典雅豪华，它是20世纪五六十年代大连最高级的别墅之一。在姐妹楼的铭牌以及散落在各种报刊的文字中，都记载着刘少奇、周恩来、朱德、邓小平等党和国家领导人来疗养院视察和疗养时，曾经在此居住。不过，口口相传的说法和真实的历史毕竟有出入。笔者提起这些领导人曾经来住过时，却听到了另外一种令人惊讶的说法。郭庆山老人说，其实，1955年辽东半岛大演习时，刘少奇、周恩来、朱德并没有住在八七疗养院，

据说几位领导人住在黑石礁。而在姊妹楼里住的是叶剑英元帅（101号）、贺龙元帅（103号），住在婉容楼的是聂荣臻元帅。

三位元帅在此住了近一个月，因为是军事演习时期，除了秘书和警卫员，元帅们都没有带家属。

刘福有老院长说，在20世纪五六十年代，只有大军区级的首长和家属才能住姊妹楼，一户配备一个炊事员。据疗养院的资料记载：1952年至1955年，住在姊妹楼的首长一天的伙食费是3元，这在当时是较高的水准了。"文革"中，部队首长们很少有暇来疗养院了，但姊妹楼却并没有闲置下来。在部队的庇护下，这个相对清静的地方成了当时辽宁一些地方老干部的避难所，直接或间接地保护了这些老干部。"曾经任过中共辽宁省委第一书记的黄火青、辽宁省省长的黄欧东都在姊妹楼里住过，躲过了一些冲击和迫害。"

黯淡于20世纪80年代

在老院长刘福有的记忆中，姊妹楼的辉煌也印证着八七疗养院的辉煌。"文革"期间，上将杨勇、中将曾泽生曾在姊妹楼住过。"文革"结束后，姊妹楼里就鲜有高级首长来了。在20世纪80年代，随着棒棰岛国宾馆的逐步完善和地方酒店的建设兴起，姊妹楼也愈加冷清起来。

刘福有回忆，20世纪70年代末和80年代初，在姊妹楼里住过的重量级人物只有开国中将、"文革"后担任过沈阳军区第一政委的廖汉生了。"老将军戎马一生，来疗养也依然很军事化。他每天都从疗养院走路到老虎滩，再自己坐车回来，还不许有人跟着。结果，他的这一路安全就搞得我们很紧张。"刘福有回忆说。当时，将军还组织了疗养院的老干部们一起去长山岛的行动，出发的时间一到，将军就下令开拔。结果，很多老干部还没准备好。人不齐没法开船，但又不能违反了老将军的命令，无奈，刘福有想了一个办法：先拉着将军到香炉礁码头转了一圈，然后假说码头地点临时改变，再拉着将军回到既定码头，这时，人已到齐，也就顺理成章开船了。

进入20世纪90年代，年代久远、设施也相对落后的姊妹楼就真的成了建筑文物了，寂静寥落地伫立在疗养院内，任凭春风秋雨静静掠过。

姊妹楼虽然已有90多年的历史，但木质的楼梯依然坚固，走在上面，没

掩映在绿色中的姊妹楼祥和宁静

有吱呀声也没有摇晃感。在三楼，还有一间全木质的阁楼，走进去就会闻到沁人心脾的幽幽木香。历经了80多年的风吹日晒，却香味依然，这着实让人惊叹。坐在这香气氤氲、古色古香的阁楼里，似远又近的历史会让时光悄然静止，让都市人的浮躁心情瞬间平静。百年只是一瞬，何况人生短短几十年呢？

文/ 谭可歆

阎锡山楼

90 年前就有空调的老宅

阎锡山别墅旧址位于白云街18号，在"八七"院内叫12号楼。这里是疗养院的东南角，远离街道的喧闹，小楼在苍松和翠柏间悠然自立。从外表看，这是一栋独立的二层别墅。"阎锡山楼可以说是现存的这些洋楼里保存最为完整的，而其建筑本身和室内装潢原本就属上乘，这么多年来一直担任着接待大区以上首长的重要接待任务。"

青石砌成的外墙历经风雨未见斑驳，红色的釉瓦依然鲜亮惹人眼，要不是疗养院的负责人介绍，很难想象这座华美的别墅居然有近百年的历史。

别墅入门是一个宽阔的拱形过道，马赛克铺地，颇有欧洲中世纪风范。小楼设计精巧，在警卫亭内就可将外部尽收眼底。"门口这个梁是一根整木做的，这玻璃是德国进口的，这羊皮灯、地砖也都是'原配'。这大吊灯坏了，需要去中国香港维修。"踏上柞木打造的楼梯，雕花的扶手，精致的吊顶，色彩斑斓的地砖，让人恍若回到了那个风起云涌的年代。"这个是空调。你相信吗？90年前这里就有空调，夏天通风，冬天取暖，这在当年绝对是现代化的设施。"

推开二楼露台的大门，暖风伴着清新的树木香气扑面而来，一棵有着70多年树龄的雪松苍劲挺拔，阴凉着整栋小楼。"这里离海边约3公里，以前是可以看海的，而且能够防潮，日本人认为这里是最适合避暑休假的地方，所以选址在这里盖了高档住宅区。"疗养院负责人介绍。

苍郁之中，阎氏别墅别具风情

阎锡山在连到底住在哪儿

那么日本人怎么会在这样一块寸土寸金的宝地，修建这样一栋山西风格的宅子呢？说到这儿，就不能不提阎锡山与大连的过往。

阎锡山什么时候来的大连？来到大连之后到底住在了哪儿？早些年，这些问题的答案还颇有争议，而现在经过史学家悉心考证，真实的历史已经揭开了神秘的面纱。

1930年4月中原大战爆发，其结果是阎锡山一方彻底失败。蒋介石逼着败军之帅阎锡山离开他苦心经营多年的山西。被逼无奈的"山西王"只能举家离开故地，并选择大连为逃亡地。

1930年11月，阎锡山动身前往大连。一路上他谨慎小心，行动诡秘，频放烟幕弹，更改行程。直到12月24日，才乘坐日船"武昌丸"从天津抵达大连。阎锡山一下船，便向闻讯而来的各界人士发布消息，说他此次要"经大

阎锡山楼

111

连东渡（日本），续游欧美……身亲两洋文化"。而实际上，他在大连一待就是8个月。

据传，来大连之前，阎锡山早就派人与日本当局联系，在大连租了一处小楼，在门口挂上"阎锡山出洋考察大连筹备处"的大木牌。而这栋楼便是今天"八七"院内的12号楼。疗养院的负责人说："这栋楼其实是日本人为拉拢阎锡山，实现侵占山西的罪恶目的，按照阎家老宅的建筑风格，专为阎锡山修建的。"

不过，"老西儿"显然没有领日本人的情，这栋修建奢华的别墅静静矗立于此，却没有等来它的主人。阎锡山来连后，直接住到了黑石礁张宗昌的别墅，听说只是派了个副官在此小住了几天。

一面是大房子空空荡荡没有人气，一面是阎锡山在黑石礁的小洋楼里接朋纳友。阎锡山在大连利用这难得的安静时光，一方面总结中原大战失败的教训，加强韬晦之术的修养；另一方面则继续阐发他的"中的哲学"和其他理论。一些对阎锡山思想感兴趣的学者们也从各地聚集此处，一时间，张宗昌别墅好不热闹。

逃到大连的阎锡山，在日本人的保护下一住就是8个月，其间，他与山西一直没有断过联系，偷偷摸摸多次往返大连与山西之间，对山西情况仍了如指掌。他闲暇之时也逛一逛大连市内的浪速町（今天津街），有时也到星浦公园（今星海公园）玩一玩，优哉游哉过了8个月。直到1931年8月，阎锡山乘日本人的飞机从大连飞回大同，徒留下这栋小楼见证那段历史的真实存在。

文/林芝

郑孝胥楼

坠进深渊的"名士"

即便是在今天，这栋日式的二层小楼，形制也丝毫不逊色于新开发的小区别墅。沿文化街北行，进入中国人民解放军联勤保障部队大连康复疗养中心南门，踩着洁净的青石板路走不多远，就到了编号为18号的小楼。在疗养中心的资料记载中，这里是曾任伪满洲国"国务总理"的诗人和书法家郑孝胥的旧居。

小楼静静走过百年历史

曾任疗养院政委的蒋思远介绍说，这栋小楼始建于1925年，已经有近百年的历史了。拾级而上，门楼里一扇别致的小窗上镶嵌着七彩的玻璃，据说当年是从德国进口的，至今保存完好。

室内凉爽宜人，门厅里，一条绛紫色的木扶梯通向二楼。楼上三间，是卧室和洗手间。楼下五间，靠东侧的卧房内，有一座小小的壁炉，如今已经被封死，或许这里曾是主人的书房。西侧是一间宽敞的客厅，圆弧形的阳台上有一扇小门直通院落，小门外的石阶上围着锈迹斑斑的粗大铁链。在玉兰、圆柏、紫檀等古树的掩映下，小楼显得格外静谧。"最名贵的要数红豆杉。"蒋思远说，它是唯一适合在室内栽种的树种，24小时释放氧气。近年来，红豆杉在国际市场的身价看涨，像这样百年的老树，一株可以卖到上百万元人民币。

小院当中有一个造型雅致的水泥池，料想当年放养着金鱼或者锦鲤。而小楼的原主人或仰坐在书房的壁炉前，或徘徊于池塘边，凝望着鱼儿游来游去，充足的氧离子并没有让他浑浑噩噩的头脑有些许清醒，他以封建文人固有的迂腐和蹩脚政治家的愚蠢，虚构着借助外力还政于清的"复国"谬论，欺骗着自己，也欺骗着"逊帝"溥仪。

堕进深渊的"名士"

那时的郑孝胥已过了古稀之年，而他毕生所积累的"名德"也正沦为一世骂名。

郑孝胥是福建省闽县（今福州）人，年轻时即崭露头角。1882年，郑孝胥中福建省乡试解元，曾做过李鸿章的幕僚。后东渡日本，担任过清政府驻日本神户、大阪总领事，回国后，曾参与戊戌变法。1911年辛亥革命之后，郑孝胥以遗老自居，为清室复辟出谋献策，1932年任伪满洲国"国务总理"。20世纪20年代初，郑孝胥开始频繁与日本人接触，1924年，他与日本

小楼依旧，但它的原始主人早已被遗忘得不留痕迹

人密谋，协助溥仪出逃，进入天津日租界。1925年，日本人为了更便于拉拢他和溥仪，在大连为他建了这栋别墅。

郑孝胥伴随在溥仪左右，出谋划策。那时，溥仪对自己的这个老师也极其信任，在溥仪《我的前半生》一书中，"关东军"这三个字提到的最多，其次就是郑孝胥。纪录片《伪满臣俘录》中评价说，郑孝胥提出"三共论"，认为列强共管中国将为时不远，试图借助外力来还政于清，溥仪不免大受鼓舞。

九一八事变后，郑孝胥唆使溥仪当伪满洲国"皇帝"。

据记载，郑孝胥一生中曾来过大连十余次，在大连生活了144天。《国贼郑孝胥旅大行事心迹考实》中记载，"此144日，于郑孝胥一生可谓转瞬，实则郑孝胥一生奸名正源于此百余日中。1931年11月，郑孝胥来到大连，这是他第五次到大连了，对于已经73岁的他来说，大连并不陌生。郑孝

郑孝胥楼楼牌

115

胥和平常一样，在市内到哪里从不坐车，都是步行。"除了散步、聚餐和写诗以外，就是坚持每天到旅顺去觐见"逊帝"溥仪。

1932年3月，伪满洲国成立，郑孝胥出任伪满洲国"国务总理"兼"文教部总长"。1935年，日本人见郑孝胥难以驾驭，以其年高"倦勤思退"为名免了他的职位。1938年，郑孝胥怀着牢骚与不满，暴卒于长春，走完了尴尬的一生，不久葬于奉天（今沈阳）市郊。

在清末，郑孝胥的诗词书法名气很大，为诗坛"同光体"倡导者之一，同时代人对其诗颇多赞誉。张之洞称赏郑诗，有"郑苏戡是一把手"之语。有评论说，作为诗人，郑孝胥几乎要领导当时的诗坛，甚至年纪比他大的、官职比他高的人都来向他请教，生前著有《海藏楼诗集》和《郑孝胥日记》。作为书法家，他的字字势偏长而苍劲朴茂，开一代书风的先河，为时人追捧，商务印书馆编《辞源》，初版书名就出自郑孝胥之手。清亡后，他曾在上海卖字为生，"年入二万金"，至今"交通银行"仍沿用他的字。

从著名的政治家、书法家、诗人的辉煌人生，最后蜕变为大汉奸的角色转变，使其沦为历史的罪人，为世人所不齿。

在过往的半个多世纪里，这栋楼的原始主人早已被遗忘得不留痕迹。

它现在的编号是18号楼，在老人们的记忆里，这里实在也没有什么名人来住过。毕竟，在疗养区风格各样的别墅群落里，它显得极为普通，"而且靠近道边，除了夏季，室内会感觉阴冷。除非到了疗养院的接待旺季，一般来说，平常是不住人的。抗美援朝之后，接待过师以上的志愿军干部。20世纪70年代后，只有兵团以上的领导来了，才分配给一栋房子。"

小楼在"1999年装修过一次，墙的外立面是那时重挂的，更换了门窗，但内部的格局仍被保留了下来。"蒋思远介绍说，像这样的小楼一般二三十年就要大修一次，维护的费用很高。疗养院只好采取"以楼养楼"的方式进行管理和保护。

文/魏东平

旅顺火车站

百年老站今成最美车站

　　它是目前东北铁路沿线保存得最完整的欧式建筑火车站，这里曾开出了我国首趟国际列车。从这里延伸出去的铁路，名称不一：东清铁路、南满铁路（北满铁路）、中东铁路，这些名字折射的是半个多世纪俄、日对我国东北的轮番侵略与殖民。它也在这百年的历史岁月中迎来送往，见证了旅顺这个军事地理位置曾经如此显赫重要的小城所经历的屈辱风雨，如今的它却是这样安宁祥和。

　　如今，在大连旅顺白玉山景区西部井岗路，远远望去，绿色、黄色、白色三种色调勾勒出一座造型别致、俄式风格的木质建筑物。这座造型优雅别致的全木结构小楼，像是存在于童话世界里的一个小宫殿，为旅顺这座小城平添了很多诗情画意，这就是旅顺火车站。它也被很多网友誉为中国最美火车站、最文艺火车站。1985年，它被列为市级文物保护单位。2002年，列入第一批大连市重点保护建筑。2014年4月20日，旅顺火车站结束了自己的最后一趟旅程，正式停运。22日，它不再运营，仅保留售票业务。从此，旅顺火车站便如一段凝固的历史，无论你来或不来，它都在那里，静静矗立。

旅顺火车站，其实有两个

　　这是一座造型精致的俄式风格建筑：远远望去，椭圆形的绿色屋顶中间高耸起一座四边形的采光亭，精巧的尖顶在阳光下熠熠生辉。屋顶挂满羽毛状小瓦，屋檐点缀着精巧的细部雕饰。整个建筑都是黄墙木窗，绿色的墙面装饰着少见的白色网格状线条。靠近进站口的一面墙上挂着"沈局大连车务段旅顺站"的白底黑字站牌。这，便是被全国网友誉为最美火车站的旅顺火车站了，慕名前来的游客们如今看到的也是这座典雅别致的俄式建筑。

"始建于1898年，1903年正式运营通车，曾开出了我国首趟国际列车。"很多资料里，对旅顺火车站都是如此介绍的。但很少有人知道，这段历史是对的，但历史发生时所对应的主体却不是现今这座被誉为中国最美火车站的旅顺火车站，而是与它仅有一路之隔的另一个旅顺火车站。它是沙俄建于1900年的第一个火车站，一座红瓦平房的俄式风格建筑，现仍然在使用，只不过成了旅顺口区公安局车站派出所。

也就是说，从1903年正式运营通车，旅顺其实有两个火车站，并且一直相望存在，很多口口相传的历史片段也就或对或错地在这两个火车站交叉进行，显示着历史独有的吊诡和有趣。

1898年，沙俄租借旅大市，着手扩建军港，铺设铁路。在勘察旅顺火车站的地点时，原拟在太阳沟，后来为了军事运输的需要，便于运输物资直接经铁路入港，便选定了现在与港口紧紧相连的现址。

1903年7月13日，中东铁路局总工程师尤格维奇在大连向全路通电，宣布中东铁路完全告成。这条铁路名为中俄共同修筑、经营，实际上是沙俄独占。当时，在中东铁路南支线，俄国人每隔30公里设一车站，旅顺火车站就是南支线的终点。事实上，早在1901年年初，南支线就有部分路段通车运行，南关岭到大连港的铁路线就是这一年竣工的。从此，旅顺到大连的客运列车每天往返各一次。

1902年4月，旅顺火车站驶出了一辆列车，开始让它闻名中外。一辆满载旅客的列车从旅顺火车站开出，沿着中东铁路一路向北驶出国门，它的目的地是当时的俄国首都圣彼得堡，这也是中国铁路史上第一列国际列车。

1903年，沙俄财政大臣维特视察旅顺时，沙俄旅顺驻军就曾到车站欢迎。

俄国作家斯捷潘诺夫曾在其长篇小说《旅顺口》里，两次写到旅顺火车站。其中一次在小说的开头：1904年2月8日深夜，日本联合舰队偷袭了旅顺口，翌日清晨，住在旅顺口的人们纷纷向火车站跑去。所有旅顺口的马车、人力车、中国苦力都负载满了。铁路上停有几列货车，都被难民挤得水泄不通，

典雅别致的俄式
建筑

造型优雅别致的
小楼，像是存在
于童话世界里的
宫殿

旅顺火车站

站舍为木质平
房建筑

119

可是火车头不够……

这些历史发生时相对应的主体虽然也叫旅顺火车站，但彼站不是如今的中国最美火车站，而是一路之隔的旅顺火车站，也就是今天的旅顺口区公安局车站派出所。而此时，我们现在的中国最美火车站还没有登场露面。

到底是谁修建了旅顺火车站

既然有两个旅顺火车站，那么，它们是在哪一年，分别是谁建设的呢？

旅顺火车站：大连市重点保护建筑。建于1900年，在现存的文字记载中已经是个确定的结论。现在，很多史志图书和包括旅顺火车站站房北面外墙上挂的文物保护标牌均这样表述。《大连文物要览》也记载："旅顺火车站建于1900年10月，站舍为典型的俄式风格的木质平房建筑，坐西朝东，由候车室、乘务员室、站台长廊等组成。候车室主建筑顶部正中建有俄罗斯风格铁皮鱼鳞塔楼。占地面积420平方米。1902年11月南满支线正式通车。"

很长一段时间以来，没有人对这个史实提出疑问。直到旅顺地方史研究者李华家在搜集有关旅顺火车站的老照片时，逐步有了惊人的发现。

风雨棚美感十足，与站舍浑然一体

退休前的李华家曾经做过中学的校长和书记。每天上下班，他都会经过旅顺火车站。李华家的一大爱好就是搜集有关旅顺历史的老照片，包括任何能与火车站扯上点儿关系的照片。李华家坚信：文字的记录或有不

大量移民形成的闯关东浪潮

妥之处，但老照片里的历史却掺不了假。经过几年的仔细研究后，李华家发现了问题：为什么在所有拍摄于沙俄强租旅大期间的照片里，都看不到带有旅顺火车站的塔楼和欧式站台？

抱着这种疑问，从 2008 年到 2011 年的近三年时间里，李华家仔细研究了手里旅顺火车站不同时期的几张老照片，结果有了惊人的发现。

其中的一张老照片是 1903 年 7 月 14 日以后投入运营的旅顺火车站站房，现状和现在的旅顺口区公安局车站派出所大致相同。站房右边是一排洋车和等生意的人力车夫，站房前面是几辆马车，屋檐下坐着一排等生意的人。我们看到的木质栏杆就是现在火车站站房、塔楼和欧式站台的位置，还可以看到左边的信号灯和铁轨。这张照片传达的一个最直观的信息是，至少在 1903 年年底至 1904 年年初的冬季还没有现在的最美火车站。

另一张老照片记录的是 1904 年日俄战争时，日本陆军迫击炮将站内列车炸毁的惨状。透过炸毁的车厢，可以看到至少在 1904 年 8 月 19 日，日军第一次向旅顺要塞发起总攻时，仍然没有现在使用的旅顺火车站。

还有一张老照片虽然年月不详，但可以清晰地看到新修的带塔楼的火车站基本完工。与现存的车站相比较，只是木质欧式站台还没有完全连接，北边的库房还没有修建。而塔楼顶上的旗帜，站台上那个手里擎着日本国旗的人，都说明这已是日本统治时期了。

经过文史资料查找、照片反复比对，到了 2011 年，李华家确信，当

旅顺火车站

时仍在使用的旅顺火车站并非当时的沙俄所建，而是 1905 年后日本统治时期续建的。这一观点得到了大连史志专家孙玉的确认，旅顺博物馆原副馆长韩行方经过慎重研究，也确认："没错，通过这些史料，现在可以确定，今天我们所看到的火车站一定不是俄国人建的，应该是日本人续建的！"

而后来发现的资料也证明：随着中东铁路建成通车，大量内地移民和沙俄、朝鲜移民形成了闯关东浪潮。城市的快速发展，使得最初的旅顺火车站在建成使用三年后，显得有些小了。1903 年，沙俄侵占者又设计规划了一个完全俄式风格的新火车站。但出了图纸，并刚刚做完基础工程，就爆发了日俄战争。1905 年，占领旅顺的日本侵略者将旅顺火车站改名为"旅顺驿"。但他们对车站的俄式设计风格没有做出丝毫变动，就开始在原有的地基上续建起来。

日本人为什么要建一个俄式风格的车站？在"满洲日日新闻社"1911年出版的《满洲写真大观》以及后来出版的《南满洲写真帖》中，或许可以探知一二："旅顺车站是在沙俄统治时期，打算等龙河填造完后计划建造的一个车站，后来（日俄战争后）又由满铁接手了这项工程，考虑到这样一个施工到一半的建筑置之不理有损市容，就决定沿用俄式建筑风格……"

至此，我们现在看到的旅顺火车站那一幕幕的前尘往事也就历历在目，清晰起来。

百年来，旅顺火车站见证历史风云

转眼，100 多年的风雨岁月沧桑而过，旅顺火车站，也在这 100 多年里见证了诸多历史瞬间。大连史志专家孙玉曾经总结了这个小小车站所经历的一些历史时刻，如：

1935 年 1 月 21 日 19 时，溥仪自长春乘专车抵旅顺车站，直赴新市街前关东军司令官官邸。

1950 年 3 月 8 日，新中国第一批女司机——大连铁路局田桂英、毕桂英、王宝鸿"三八"包车组，首次驾驶"三八"号机车由大连站开往旅顺站。

1955 年 1 月，中国人民志愿军第三兵团抵达旅顺站接防旅大防务，苏军在旅顺车站列队欢迎。

1955 年 5 月 26 日，苏军第三十九集团军什维佐夫上将率司令部机关人员撤离旅顺站，在旅顺站向中国人民解放军将士告别。

1955年11月上旬，党和国家领导人到庄河观看演习途经旅顺站。

……

除了这些为大家所熟知的历史之外，旅顺火车站见证的那些淹在战争硝烟之中的历史，也值得我们再次提及。

1931年9月18日，在沈阳北郊柳条湖，日本关东军制造了震惊中外的九一八事变。就在那天的下午和夜里，旅顺火车站也异常忙碌。一个叫本庄繁的日本人频繁进站出站，就此拉开了日本侵占整个中国东北的序幕。

本庄繁熟悉中国，尤其是中国东北情况，曾任张作霖军事顾问，1931年8月1日被任命为关东军司令官。他积极策划侵略中国东北，策划发动九一八事变，占领中国东北三省。因侵华"功劳"受勋一等旭日大绶勋章，受封男爵。

对于九一八事变，很多人都知道做计划的是关东军参谋板垣征四郎和石原莞尔，但对于真正的幕后策划者——关东军司令本庄繁却所知不多。1931年9月18日下午2时，在和板垣征四郎等人见面后，原定去参观奉天附近日俄战争旧址的本庄繁忽然坐火车返回旅顺关东军司令部，个中原因不得而知。

旅顺火车站

当天晚 11 时 50 分，正在洗澡的关东军司令官本庄繁收到板垣征四郎的急电，报告说奉天日中军队发生冲突，来不及请求许可已命令独立守备队"反击"了。

9 月 19 日凌晨 2 时，本庄繁发出了关于"部队迅速向沈阳集中，进攻沈阳，占领营口、安东"等 8 项命令。19 日凌晨 3 时 30 分，本庄繁率领三宅参谋长、石原莞尔等人，与驻旅顺步兵第三十旅团一起，乘专列由旅顺火车站奔赴沈阳。19 日中午 12 时许，关东军司令部人员集体出现在了旅顺火车站，从旅顺全部移驻沈阳，以便本庄繁指挥日军向东北全境发动全面进攻。此后，旅顺火车站成为日本帝国主义掠夺我国东北三省资源和运送侵华官兵的重要火车站之一。

历史事实充分证明：本庄繁就是发动九一八事变，指挥日军侵占中国东北，炮制伪满傀儡政权的主要策划者之一。日本战败后，罪魁累累的战争罪人本庄繁第二批被定为甲级战犯。在发出逮捕令的第二天，70 岁的他切腹自杀，结束了罪恶一生。与阿南惟几等人不一样，他非要等到逮捕令下了才寻死，这种行为其实就是典型的畏罪自杀，在当时的日本很为人不齿。

除了战争与阴谋，在旅顺火车站，还曾经驶出了当时世界上"最拉风"的列车。1934 年 3 月 1 日，日本人研造的全世界最快的高速列车"亚细亚"号首次运行，创造了以 7 个半小时跑完新京（长春）到大连的纪录。当时，世界各国的铁路运营均速为时速 82.5 公里，而"亚细亚"号则达到了最高时速 130 公里的纪录。"亚细亚"号总共六节车厢，列车全部为封闭式，冷暖空调，双重车窗。这种豪华的配置使其成为世界上最豪华的旅客列车。一时间，富豪、高级军官、欧洲商人、外交官陆续来到大连，体验"亚细亚"号。被称为"新干线之父"的日本国铁总裁十河信二就曾在那时担任南满铁道的理事，参与了"亚细亚"号高速列车的设计制造。

1943 年 2 月，由于日本在太平洋战争中战局恶化，满铁的运营方针从"提高速度"转为"增加运力"，"亚细亚"号"超特急"列车终止运行，机车和车厢被改为普通列车使用。

通勤列车，一个时代的青春记忆

2014 年 4 月 20 日，一个特殊的日子，冷清许久的旅顺火车站异常热闹喧嚣起来。这一天，它迎来了最后一列从大连开来的 6331 次列车。十几节车厢坐满了人，他们是旅客，也不是旅客，他们从大连坐着这辆绿皮火车，不是为了来旅顺，而是专程来和 6331 次列车和它的姐妹车 6332 次列车告别，随着这趟列车的停运，它的身后留下的则是 111 年的历史风雨岁月。

1903 年，这趟客运列车正式投入运营。100 多年的日夜里，沙俄和日本的高官将军曾乘坐列车往来旅大，废帝溥仪曾在这里歇息御寒。1950 年，新中国第一批女司机从这里开车上路。20 世纪 80 年代之前，这趟火车线路还是旅大之间的主要客运途径，最繁忙时，这趟线路一天要对开两次。2000 年之后，各大企业的通勤工人成了这趟火车的主要乘客。随着公路的发展便捷，大连到旅顺的旅客越来越多地乘坐汽车，火车客流日渐减少，最终只能停运。

说起这趟绿皮火车，李华家感慨颇多。当年客车是早中晚各一班，火车从旅顺到大连途经 13 站，要一个半小时，乘坐火车的基本都是从旅顺到大连工作的人们。那时每天能乘坐火车上下班的工人，绝对是让周围人发自内心去羡慕的。"那时，火车上每天都是人挤人，最有特色的就是先上车的帮工友们占座，一副手套或一个饭盒在座位上一放，就表示有人了。当时，我有一个亲戚从西安来，坐这趟车去大连，看到这手套饭盒占座的情景，稀奇了半天。"

不过，20 世纪 80 年代以后，这趟列车的通勤人数逐渐减少，因为大连有的单位已经为工人提供住宿，另外，大连和旅顺之间的交通也不再单纯依靠铁路了。这辆始发于旅顺火车站的绿皮火车，和车上那曾经人头攒动，汗味烟味混合在一起的青春记忆也开始渐行渐远。

2014 年 4 月 20 日，旅顺火车站结束了自己的最后一趟旅程，正式停运。22 日，它不再运营，仅保留售票业务。2017 年 4 月初，笔者探访旅顺火车站，它静静地矗立在午后的阳光下，绿色屋顶，黄墙白网格，浓重的俄式风格在周围环境映衬下，带着遗世独立的高冷范儿。站内已经封锁，禁止游客进入，只有昔日的铁轨，伴随着荒草，寂寞延伸，如它那 100 多年远去的历史，默默诉说。

旅顺火车站

文 / 谭可歆

旅顺博物馆

旅博的往事云烟

　　小时候，我的家就在旅顺博物馆附近。夏天，旅顺博物馆大院地上厚厚的鹅卵石被游人踩得哗哗作响。我和小伙伴们常常趁售票员不注意，从检票口前拉的绳子下"哧溜"钻进去，售票员一般都假装没看见，或虚张声势地吓唬我们几句。

　　旅顺博物馆里有一只神奇的铜盆，叫"双龙洗"，用手摩擦盆把手的时候，盆里的水花会飞溅而出。讲解员说，由此文物可见中国古人已经发现了物理学上共振的原理。多年以后，在很多旅游景点又见到这种铜盆，围观的游人瞪大了好奇的眼睛，而我则用更好奇不解的眼睛看他们——我小时候就见过这东西——旅顺博物馆就这样潜移默化地影响着我和我的伙伴们，那些凝聚着前人智慧和匠心的展品无声地打磨着我们认识世界的眼光……

　　大连市旅顺口区列宁街42号，原来有一个古怪的名字：关东都督府博物馆。

　　1917年，日本殖民当局建立这座博物馆，最初的目的是收集并陈列具有"满蒙"地区特色的物产，以期将"满蒙"文化与中原母体文化割裂，向外界暗示所谓"满蒙"独立的依据。

　　百年的风雨沧桑，而今，旅顺博物馆从殖民统治的工具变成一座开阔人们眼界、培养人们审美眼光、满足人们求知欲望的历史艺术博物馆，也是全国首批国家一级博物馆，它以悠久的建馆历史、别具特色的藏品优势和庄重典雅的馆舍建筑而享誉海内外。

建筑本身是国家一级文物

今天，当你穿行在旅顺口区的主干路斯大林路附近，目光就很难不被一栋欧式混凝土围墙围着的灰白色精美建筑所吸引。这栋建筑高耸的塔楼、拱券形门廊、古希腊风格石柱和变幻莫测的饰面都让你有美不胜收的屏息感。尽管有比较尖酸的评价认为，这栋建筑的设计只是西方诸多建筑元素的拼凑和抄袭，但你却不能否认，即使放在今天，它仍然堪称融古希腊、古罗马、文艺复兴时期和东方建筑特色于一体的建筑艺术精品。

据2012年出版的《旅顺博物馆95年简史》介绍，旅顺博物馆建筑是典型的近代复兴式折中主义风格，当时被称作日本人修建的西洋建筑的杰作。

旅顺博物馆建筑主体为砖石木框架混合式结构，主体两层，局部三层，另有一个500余平方米的地下室。建筑每面均有大门与室外相通。建筑正面呈中心对称式结构分布，以正门上部的塔楼为中心，两侧的结构完全对称。

北门是博物馆的正门，由古希腊建筑样式的半圆形门廊、两根爱奥尼克式石柱和混合柱头组成。整个建筑的窗户高大明亮，均有边框为饰，部分窗户设计成半圆形，充分体现设计者于统一中追求变化的理念。立面有的装饰华丽的樱花、莨苕叶、橄榄枝等浮雕图案，也有的用狮子图案做装饰；

近代复兴式折中主义风格的旅顺博物馆

旅顺博物馆

橄榄枝形式各异，有的下垂呈不封闭圆形，有的上卷呈圆环形，有的顶部加樱花装饰，有的用卷草纹做底饰，总之，细微之处总有不同。这些外立面装饰中，尤以半圆形门廊上方正中的五瓣樱花和塔楼下方三角形山花内中心部位的宝珠最具匠心——樱花贴以橄榄枝环绕；宝珠周围环绕花草纹、莨苕叶纹，装饰繁密、线条优美。

建筑内部高大气派、宽敞明亮，周边有大小各异的柱廊式拱门相连，分隔式天花均匀排列。所用材料质地考究，有的甚至采用日本、意大利等地的材料，如大厅玄关为日本德山产花岗岩铺就，大厅通往二楼的楼阶为美浓产大理石及水户产寒水石铺就，楼梯扶手为意大利墨绿理石贴面。

各陈列室与办公房间设计风格各异，其中二层两个大厅最为华美壮观：北大厅天棚顶为木作式纵横方形分隔，四出斗拱，排列有序、气度不凡，东西两壁仍保留乐池，与三楼房间通透相连，两面墙壁上方均有相向对称的太阳鸟图案浮雕，鸟头高昂，双腿直立，尾部上卷呈旋涡形，周围是呈放射状的光芒；南大厅天花为拱券顶，具有鲜明的古罗马式建筑风格，横梁与竖梁纵横交错，大厅内仿古欧式吊灯与之相得益彰，南面墙壁上方浮雕是相向对称的凤鸟衔花图，凤凌空飞舞，口衔花草，长尾飘逸，又具西方建筑的风采。关于旅博建筑的设计者是何许人也，目前说法有三个版本。

第一个版本，日本建筑师前田松韵说。在出版于2011年的《旅顺博物馆精华录》一书中，由时任旅顺博物馆馆长撰文的《旅顺博物馆发展史》中记载："1916年11月，关东都督府决定投资30万日元，在大伯町（今列宁街42号）原俄国陆军将校集会所半截子工程基础上，由日本知名建筑师前田松韵主持设计，改续建成一座博物馆，即现在的旅顺博物馆大楼。"前田松韵，出身医学世家，是日本近代著名建筑师，毕业于东京帝国大学建筑系。日俄战争时曾指挥军用仓库建设，日本战胜俄国后留在大连，任关东都督府建筑技师及土木课课长。他是日本官方在大连最早从事建筑活动的知名建筑师，也是日本殖民统治时期大连城市规划的第一人。

据说，日俄战争后，赶走了俄国人的日本人悉数接收了俄国人没有建设完成的城市，他们甚至能找到这些"未竟事业"的图纸。日本殖民者以战胜者的姿态，弹去图纸上的炮灰和尘土，在很多原有半截子工程上继续建设。而现在的旅顺博物馆就是在原来俄国军官俱乐部建筑基础上改建的。接受设计旅顺博物馆的任务的时候，前田松韵30多岁。我们可以想见，一个30多岁、踌躇满志的男人，在殖民羽翼的庇护下，以成就宏图伟业的壮志雄心摊开图纸时，他的脑细胞是何等亢奋，以至于奇思妙想不断涌现，急切地勾勒着一个梦想中的蓝图。他全然没有顾及这里并不是故乡京都，而他只是无意中用另一种身份犯了"直把杭州作汴州"的错误。

前田松韵回国后在东京高等工业学校建筑系当教授，据说，他后来写了很多关于建筑方面的文章和著作。不知为什么，他却从未提及旅顺博物馆。

第二个版本，松室重光说。出版于2017年5月的《今日辽宁》杂志第28页《旅顺博物馆》一文记载："1916年11月，日本殖民当局在原沙俄将校集会所基础上，由关东都督府土木课技师松室重光主持设计，改成博物馆。"据大连新闻网2016年7月一篇报道记载："在1908年到1916年的八年时间里，松室重光是土木课内唯一具备设计师资格的技师。因此，这期间由关东都督府建筑的官厅舍、学校、公共建筑大多由他设计，旅顺博物馆主馆即为他这期间的代表作品之一。松室重光还曾为旅顺博物馆捐赠过文物。"

第三个版本，俄国设计者冯·哥根说。《中国博物馆通讯》2016年7月总第347期署名刘立丽的作者撰文《冯·哥根——旅顺博物馆第一张建筑图纸的设计者》中记载，"2012年，旅博从俄罗斯科学院俄罗斯历史研究所征集到一张珍贵的图纸，得以知道旅博建馆前的最初面貌。这张图纸发表于1902年9月1日《俄罗斯建筑杂志》上，图纸下方有建筑师本人签名'冯·哥根'。冯·哥根是因馆舍建筑而与旅顺博物馆第一个发生关联的人。"该文还记载："旅顺日俄监狱最初设计也是出自其手，然而在现已掌握的相关资料中，关于冯·哥根本人的记载却很少。"

2008年，旅顺博物馆的馆舍被确定为国家一级文物。

老工匠细说大展柜

和许多百年老建筑的用途不断变更不同，旅顺博物馆可能是旅顺地界唯一从建成至今一直行使同一职能的地方。旅顺博物馆从一开始就吸收了世界各地博物馆的先进设计理念，其建筑结构、展厅设置、陈列设施以及之后的展览设计等各方面都是当时世界上最具博物馆形式的。

贯通式的展厅路线设置是当时各国博物馆展厅布局设计的流行趋势，大小展厅依据建筑的高低错落巧妙设置，展厅之间的门按纵向和侧向两种方

旅顺博物馆

式设置，门的走势完全可以根据展览的整体设计灵活使用。如果是连续性陈列，大展厅和小展厅之间可以通过纵向通道形成贯通式展线；而以突出主题展览为主线时，大展厅可以通过侧向通道规定展览走势，小展厅则成为辅助展览部分。

博物馆二层第一展厅是面积最大且最具气势的展厅，实用面积461平方米，棕黄色的和式风格木作结构，装饰着墙裙、壁面和屋顶，茶褐色的展柜分两排纵向林立，展柜的庄重与展厅的宏阔浑然一体。

去过旅顺博物馆参观的人，都会对展厅内那一排排高大气派的展柜留有印象。其实，展柜大体分三种。一种是大型展柜，高三米多，两面有三扇相等的玻璃面，两侧也是宽大的玻璃面，内设连体"品"字形展架，展架为支腿式，侧面有镂空的格式装饰，观众可以环绕展柜参观其中的展品。另一种展柜被安置在面积较小的展厅，均于墙边设置连体立式边柜，边柜有连续而且相等的玻璃展面。还有一种是展厅中央设置着的不同造型的地中柜，其玻璃面相对宽敞，便于观众环绕参观。

在旅顺博物馆工作了38年的旅顺博物馆原副馆长葛华女士告诉笔者，1972年的一个夏日，博物馆来了一位清瘦精干的老大爷，围着展柜转圈仔

细打量。老大爷的举动引起了她的注意，一问才知道，这位老大爷曾经作为木匠参与旅顺博物馆的建筑施工工程。他告诉葛华，他们被招到工地的时候，这里的地基已经打好，建筑露出地面的部分及膝。工程所用木料都是从南洋拉来的粗大原木，先被放置在博物馆南面的植物园荷花池里浸泡处理。那些高大的展柜是建馆时在展厅内定制的，专门为展厅打造，其"身量"高大，根本无法抬出室外。老大爷还仔细辨别展柜的玻璃，他甚至能说

出哪块玻璃是原装的，哪块是后来补装的。他解释说，原装的玻璃透光性极好，玻璃质地均匀，没有打绺，看东西一点儿不变形。

旅博的往事云烟

翻阅旅顺博物馆的浩繁资料，常常感叹人世间的沧桑变幻。在近百年的时光荏苒中，旅顺博物馆几易其"主"，其功能、面目、姿态，随时代风云几番变换。

当初，殖民者建博物馆的初衷是为其心虚的殖民统治搜寻精神依据，他们热衷于挖掘旅大地区的古墓，寻找古代人留下的生活遗存，希望能追根溯源找到同源文化，以证实其鸠占鹊巢的合理性。因此，我们在博物馆的展品和资料中总能看到大量的史前或者汉代的前人遗存。

相关资料记载，1908年，日本海军旅顺镇守府将旅顺黄金山北麓的唐代鸿胪井刻石运往日本，现在存放在日本。当时，有日本考古学家受日本海军省的委托，于1905年7月专程来旅顺实地调查鸿胪井刻石，查阅了一系列中国史书，写出调查报告，认为"鸿胪井碑是唐使节经由陆路（山东）、海路，再经旅顺到了今奉天地方的渤海国王居城的证据"。明确了鸿胪井刻石和碑

树木掩映下的小楼，述说着旅博的往事云烟

亭具有重要的史料价值，海军省随即将鸿胪井刻石和碑亭运往日本，献给天皇。

1945年8月15日，日本投降。同年10月，日方最后一任馆长岛田贞彦留在馆内与苏军办理交接手续。据说，这名末任日本馆长在办完交接后得了重病，住在旅顺苏军医院（现中国人民解放军第二一五医院原址），那里距旅顺博物馆直线距离约350米，不久，他就在那里去世。

被苏军接管的旅顺博物馆改名为"旅顺东方文化博物馆"。第一任苏军馆长是地质学家朱可夫少校，第二任馆长是西蒙诺夫中校。西蒙诺夫粗通汉语，对博物馆藏品有过了解和研究，他的夫人安娜伊格奈奇担任博物馆所属动物园园长。

曾经的呼风唤雨者，有的抑郁而终，有的载誉而归；大厅里的藏品，有的曾为主角却归于落寞，有的被尘封已久终于重放异彩。变幻的是时尚，永恒的是经典。

我童年记忆的是20世纪70年代的旅顺博物馆，那时它在我眼里，是人头攒动，是啧啧赞叹，是巧夺天工，是朦胧神秘。我当时并不知道，那是旅顺博物馆在文化浩劫年代闭馆多年重新开放后的姿态。

葛华女士告诉我，1966年，"文革"开始，旅顺博物馆先是撤掉展览楼一层的"辽东半岛文物陈列"，举办了"美帝侵华罪行图片展"，原有文物被移至库房，所有展柜封在墙边。同年，旅顺博物馆停止对外开放。其间，主办了"红太阳展"和"抗大展"两个图片展览，在当时反响很不错，这或多或少也使得旅顺博物馆在那场文化浩劫中得以"毫发无损"。据说，"文革"中，有红卫兵"破四旧"，要去砸博物馆门口的那两个汉白玉石狮子，博物馆的工作人员急中生智，抢在红卫兵前面，带头"破四旧"，把两个石头"四旧"用砖头砌上，外面再用水泥封了个结实……

旅博收藏的青春和记忆

旅顺博物馆

有资料显示，旅顺博物馆的藏品现在已经达到6万余件，文物资料20余万件，国宝级文物200多件，其中极具观赏价值的藏品有1万多件，形成"大连地方出土文物""中国历代艺术品""古丝绸之路艺术品""外国文物"四大藏品系列。

"中国古代陶瓷""明清漆器""明清竹木牙雕""明清珐琅器""历代书画""佛教艺术造像""中国古代货币""鼻烟壶工艺""中国古代铜镜""中国古代玺印""新疆文物"……仅听这些专题展的名字，你就可以想见旅顺博物馆里有多少美不胜收的宝贝。

旅顺博物馆，收藏的不仅是雕刻时代印记的藏品，还有很多在那里探究过、工作过、服务过的人的青春和记忆。

葛华女士告诉我，她17岁进旅顺博物馆，在那里整整工作了38个年头，其间有两次调离旅顺博物馆的机会，她都放弃了。其中有一次，她为了解决孩子到大连市内读书而主动要求调离，等到调令终于盼来的时候，她连续三天彻夜难眠。白天在博物馆的院子里流连，竟然泪眼模糊，楼宇的柱廊、山花和展厅里栩栩如生的造像虽然无声却有着无比神奇的强大吸引力，让她无法割舍。

她是1971年11月博物馆闭馆五年后酝酿重新开放时被招录进来的。当时，她是旅顺五十六中的毕业生，与她同期进馆的共有15人，之前，博物馆里仅有五位老同志留守，其余的人都下放"走五七道路"了。葛华说，她当时算中学毕业，而且属于学习不错的，其实也仅有"文革"前小学五年级文化而已，其他人也不过如此。老同志们就带着这些小家伙挪展柜、卸展板，为复展做积极准备。挪那些3米多高的展柜全靠人力搬动，有的同事险些付出挤掉脚趾的代价。

1970年，国务院正式批准恢复博物馆工作。当时，辽宁省革委会主任陈锡联陪同客人到馆参观新疆木乃伊，留守博物馆的五名工作人员向他请示，希望批准恢复开放，陈锡联的回答是：不能发批件，要开就开吧。当即，博物馆工作人员便开始准备展览方案，开放时间定在1972年"五一"。

数十年后，葛华还清楚地记得，复馆开放首日就有7200人前来参观，博物馆内人多得水泄不通。葛华的哥哥姐姐也在参观人群里，当讲解员的葛华看见他们，伸出胳膊想把他们从人群里拉近点儿都够不着；售票口总是有许多急切购票的人，手表被挤掉捡不起来是常事。傍晚，参观的人潮退去，工作人员打扫卫生，一个展厅光尘土就扫出小山似的一小堆……

光阴荏苒，葛华在这里从一个文博新人逐渐成长为成熟的文博工作者，在一次次整理展品的工作中，和展品建立了深厚的感情。30多年的博物馆工作中，有一个让她心痛不已、铭记在心的教训。

那是她刚入行不久，在瓷器展厅整理展品，当她拿一个定窑出品的瓷碗时，一时失手把瓷器打破了。不用别人说，打破的瓷器就让她疼得揪心，懊恼不已。她主动要求组织给予处分，从此，履历表的奖惩栏里就永远有一个抹不掉的行政警告处分的记录。此后，她反复琢磨这些瓷器，出手前谨慎掂量，再也没有过类似的失误。退休后，有一次她到百货商场看一件瓷器，售货员怕她手没准儿，她心里笑："这手已经'万无一失'，比这再贵重的瓷器在我手里过了多少遍都安然无恙。"

在人们印象中，博物馆是个严加戒备的地方。近些年来，旅顺博物馆的安保措施不断提升，成果也得到各方认可。不过，葛华回忆，在安保条件尚未实现现代化之前，博物馆的安保工作白天由工作人员负责，到了晚上就一直是"一个老头一条狗"。20世纪70年代初，在博物馆打更的是个姓霍的老师傅。霍师傅为人热心，会做很多好吃的，一条叫瓦里的德国警犬给他做伴。瓦里很凶猛，也很尽职，刚进馆的时候，葛华和小伙伴们没少被它吓唬。瓦里的父母亲都是警犬，父亲因为晕车被淘汰了，母亲被调到博物馆，瓦里就是在博物馆出生的。葛华记得，有一次，瓦里的肚子里长了个囊肿，当时也没有宠物医院，博物馆工作人员凑了200多块钱买来简单的手术工具，请来旅顺二一五医院的大夫在博物馆的办公桌上给瓦里做了手术。瓦里在博物馆工作了十五六年，它死后被葬在博物馆大院的一棵大树下……

文/周媛

旅顺博物馆

135

关东都督府旧址

厚重典雅难藏侵华祸心

　　大连市旅顺口区友谊路59号，曾经是日本统治整个东北的最高殖民权力中心，曾经是一座安静的学校，曾经是苏军喧闹的"军官之家"，曾经也是解放军滑雪队的训练基地。历经百年沧桑的它几乎就是一部浓缩的城市历史。几经历史变迁，而今，在杂草丛生的院落包围下，孤独而无言地伫立着——它就是关东都督府旧址。

　　笔者探访旅顺日本关东都督府旧址，是在10月下旬。穿过旅顺博物馆曲曲折折的绿化带，走上友谊路，远远望去，一座白墙黑栅围绕的庞大建筑群映入眼帘。"这就是日本关东都督府旧址了。"带笔者去采访的是一家房产公司的负责人。

　　沿着刷着白色涂料、安着黑色铁艺栅栏的围墙，笔者一行慢慢走着。刺眼的白和触目的黑显然和这座建筑100多年的历史格格不入。

　　"这围墙和栅栏都是后修的，包括前面的大门也是后来有剧组来拍摄重修的。"这位负责人解释说。大门紧锁，在等待了一会儿后，看门人李师傅过来开门。这个院子和它里面的建筑已经不再对外开放。

　　占地面积26500平方米的院落里，松柏青翠，但也杂草丛生，秋风乍起，能听见树木的扑簌声，间或有几声鸟叫，更显寂静和荒凉，也让人有着恍若隔世的游离感。迎面而来的就是颇为宏伟的建筑了，只是，这座二层砖石木框架的建筑外墙刷着奇怪的近乎粉色的涂料，原来，也是不久前剧组在此拍摄留下的"杰作"。

日本关东都督府旧址是具有典型俄罗斯风格的建筑，外形豪华壮观，装饰精美典雅，它以俄式巴洛克建筑风格为主基调，大量采用了圆形拱券的门窗及过廊造型、墙面、过廊、阳台及栏杆等到处可见镂空装饰柱和精美的石膏雕饰等，让笔者感觉眼花缭乱。走上台阶，进到宽敞的门厅，脚下是图案依然清晰的大理石方形地砖，抬起头，顶部恢宏的锥顶还依稀能看到上面的繁复花纹雕饰。

然而，当进了大门，穿过幽深的走廊，走进各个屋子时，眼前的情景却让笔者大吃一惊。有

窗户凉棚是后来安装的

关东都督府旧址

关东都督府旧址

病房，有会议室，还有国民党时期的办公室，屋内凌乱地扔着各种建筑垃圾。"这些都是各间剧组在此拍摄时重新装修留下的，我们曾要求他们拍摄完后原样复原，可是很少有剧组能做到。"

所幸的是，朝北的一间屋子因为不够高，得以幸免于难，我们可以一窥它的原貌。地板是厚厚的松木，屋顶依然有着繁复的雕花，屋内有一个体积庞大笨拙、高约2米的圆柱形铁炉倚墙而立，铁炉上开有6扇长、宽约10厘米的通气小铁门，做工不乏精致，令人赞叹。

在二楼的宽阔阳台，笔者扶栏远望，前方的海港尽收眼底，视线极好。而综观整个建筑，尽管过去了100多年，有些地方已显破败，但建筑主体敦实厚重、外观造型典雅华美，仔细观看那些精美的细节，不难想象它当年的华丽。

而对它的处置，目前也有着不同的方案。"有人建议我们把它修建为博物馆，也有人说就恢复它最早的功能，修复成一个豪华酒店。但无论哪一样，都需要庞大的资金，是个很大很难的工程。"负责人说道。

见证了日本侵华阴谋步步实现

据旅顺日俄监狱旧址博物馆的周爱民介绍，日本关东都督府旧址建筑面积6057平方米，该建筑由俄国人于1901年建造，当时投资22万卢布，是俄国殖民统治旅大期间，高档次的豪华市营旅馆，曾接待过不少达官显贵。1904年日俄战争爆发时，这栋大楼暂时成为兵营，住进了磨刀霍霍的俄国士兵，昔日的灯红酒绿衣香鬓影刹那间就变成了刀光剑影血肉模糊。

日俄战争后，根据1905年9月日俄双方签订的《朴次茅斯和约》，俄国被迫将原来所占领的我国旅顺口、大连和附近水域及从长春到旅顺口的铁路权益转让给日本。日本为了加强对新占领区的殖民统治，于1905年10月在辽阳设置了关东总督府。1906年5月，关东总督府迁至旅顺。于是，昔日豪华的市营旅馆摇身一变成了关东总督府的办公地点。

据1994年第2期的《档案史料与研究》记载，当时的关东总督府直属满洲军总司令部，总督负有掌管当时旅大地区及东北其他地区所有日本军事和民政要务以及保护和监督南满铁路、监督满铁各项事务之权，并配备两个师团的兵力驻扎在铁路沿线及旅大地区以保证总督上述职权的充分实施。关东总督府集政务、军务于一身，也就是说，从那时起，它实际上是日本统治整个东北的最高殖民权力中心。

关东总督府成立后，由于实行残酷的殖民统治，激起东北人民的强烈反抗，英、美等国为打破日本对南满的"独占"，也借此责难日本。在这种情况下，1906年9月1日，日本撤销军政，改用文官组织名称，将关东总督府改为关东都督府，以陆军将官为都督，内设陆军、民政两部，民政部统辖大连、金州、旅顺三个民政署，都督在军事上要接受日本陆军大臣和参谋总长的指示。

日本殖民当局标榜这是军政时期的结束和民政时期的开始。其实，这只不过是一种障眼术。很快，除了在政治、军事上加强了对东北的殖民统治，还相继发布了所谓《关东州刑罚令》《关东州刑事审理规则》《关东州民事审理规则》等，在司法方面也加强了统治。

说到这一段的关东都督府的历史，就不得不提一个为日本侵略中国立下了"汗马功劳"的人：首任关东总督大岛义昌，他也是继任的关东都督府都督。

大岛义昌1850年生于日本山口县，16岁即从军征战。1894年7月，日本发动侵略中国的甲午战争，大岛义昌率其混成旅团4000余人进兵朝鲜与清军作战，在牙山、成欢、平壤等地沿途烧杀，后又窜入我国辽东半岛各地抢劫掠夺。1904年日俄战争爆发后，大岛义昌指挥日军第三师团入侵辽东半岛，登陆后攻打金州，后又转战鞍山、辽阳、沙河、奉天（今沈阳）等地，因作战有功晋升为大将。

1905年10月，大岛义昌被任命为首任关东总督。正是这个大岛义昌，促使关东总督府成了集军事侵略、军政统治于一体的殖民统治机构。他将大连地区作为日本侵略中国东北的军事基地，指挥大批日本侵略军移驻这里，并以旅顺、大连为中心建立了陆海军指挥系统，在旅顺设置要塞司令部及重炮大队等军事力量，逐步完成了遍布辽东半岛的军事部署。

1906年7月31日，日本政府迫于外交压力，名义上废除关东总督，并于同年9月1日在旅顺设立关东都督府，其都督仍由大岛义昌担任。大岛义昌受命后，只是将府址从辽阳搬到了旅顺，其权力依旧。从此，旅顺便成为日本侵略和统治中国东北的中心。

1908年，这座关东都督府迎来了一位晚清政府的封疆大吏——东北三省总督徐世昌。据大连地方史专家韩悦行在《大连掌故》中的记录，1908年9月，徐世昌造访过旅顺的这座都督府，他此行是向大岛义昌请求援兵，协助他剿灭顾人宜领导的辽南联庄会民众武装。徐世昌在辽南联庄会的打击下，深感力不从心，为了消灭顾人宜，愚蠢的徐世昌竟然不顾民族大义，向日本人借兵。不知道当时的徐世昌是如何将"借兵"两个字说出口的，想必大岛义昌也将对面的这个东北三省总督看得低到了尘土里。

大岛义昌并没有借兵给徐世昌，并不是他有多么仁义，而是刚刚将大连吞下才三年之久的日本殖民统治当局，看到辽南和全中国的反清形势日趋高涨，这个时候帮助大厦将倾的清政府，并不是上策。为了日本在东北的利益不受损失，大岛义昌以不干预别国内政为由，婉言拒绝了徐世昌的请求。

大岛义昌的决定是徐世昌早就已经预料到的，面对一筹莫展的局势，徐世昌心事重重，第二天便乘车返回了大连。虽然他只在这里待了短短的两天，但是如果徐世昌谋求的事情达成了的话，也许徐世昌的人生就会是另外一个面目，中国的近代史也可能有了另外一个走向。

1909年5月，大岛义昌为把殖民统治扩展到政治、经济、文化等各个领域，于同年建立旅顺公学堂。

1912年，大岛义昌离职回国。1914年，日本殖民统治者冒充社会各界的名义，于大连市内大广场（今中山广场）建立大岛义昌全身铜像（大连解放后被拆除）。1926年，大岛义昌病死。

午后的阳光洒在过廊中

关东都督府集军政大权于一身，专断独行的做法，也使日本统治集团内部矛盾逐步激化。周爱民介绍说，为了强化和巩固其殖民统治，1919年4月，日本政府废止关东都督府官制，实施《关东厅官制》，即把民政部改为关东厅，陆军部改为关东军司令部，实现了军政分治制。日本原驻英大使林权助男爵担任关东厅长官，主要管辖关东州事务，管理南满铁路沿线的警务，监督满铁有关业务。关东厅长官接受日本内阁总理大臣和外务大臣的监督。此时，关东厅的办公地址仍在该楼。

1931年九一八事变后，日本政府一手扶植的伪满洲国成立，并通过伪满洲国傀儡政府攫取了大连的租借地权，使大连地区进一步加快了殖民地化的进程。1934年12月26日，日本政府宣布废除关东厅，改为设关东州厅。

关东州厅的设立，是日本政府对大连地区实施殖民统治的带有根本性的重大转变，此后在其印制和出版的日本地图中公然将关东州标以同日本国一样的红色。

关东都督府旧址

1937年5月，关东州厅迁入大连关东州厅新厅舍（今大连市政府办公楼），旅顺关东州厅旧址被改作他用。这栋见证了日本侵华阴谋步步实现的俄式建筑，在经历了太多的腥风血雨之后，终于退出了政治舞台。

同年6月，日本殖民当局为了缓解日本移民剧增导致日本小学校师资紧缺的问题，将该楼改为旅顺师范学校，主要为日本人学校培养教员。从此，这里日趋安静。

见证了旅顺回归　培养了百位冠军

1945年8月，苏联红军进驻旅顺后，旅顺师范学校成了苏军的"军官之家"，楼的西半部是苏军的"二号馆子"，东部主要供苏军娱乐活动用。有时候，历史总是有着难以解释的轮回，就如这栋豪华的建筑在转了40多年后，从最初俄国人的寻乐之地又变成了苏军的娱乐场所。

1953年2月22日，为纪念苏联建军35周年，周恩来总理率中央人民政府

关东都督府旧址

慰问团抵连，下午在"军官之家"礼堂慰问大会上讲话并观看文艺节目。1955年4月15日，在"军官之家"礼堂里，中苏两国海军代表分别在《辽东半岛协议地区海军防务交接证书》上签字。从此，中国人民解放军接管了当时旅大地区的陆海空三军防务。

1955年，苏军撤离时把"军官之家"移交给了中国人民解放军，它又成为驻军某部军人俱乐部及干部休养所。1983年，成为解放军八一滑雪队训练基地，而这一段的历史说起来可谓辉煌。

关惠明当时任八一滑雪队教练。回忆起当时滑雪队入住这栋大楼时的情景，关惠明记忆犹新："我们当时有100多人住进去，那会儿房子相当不错，外观壮观气派，房间高度很高，门板都特别厚，一楼的地板都是双层的红松木，房间里冬暖夏凉。唯一不好的就是走廊里阴森森的，很暗。"

据关惠明回忆，那时的大楼墙体颜色是白色的，圆形拱券的门窗及墙面上的石膏雕花都保存得很好，但几年后房子漏雨的现象时有发生。1990年，在多次打报告后，上级单位拨了近100万元维修费。没想到，第二年就赶上了原材料涨价，加上大楼的面积实在太大，看似巨款的近100万元，只能给大楼做个简单维修而已。

不过，这座大楼给八一滑雪队留下的却是辉煌的记忆。"到2000年滑雪队离开那里时，队里一共出了世界、亚洲、全国冠军上百个。庄河姑娘于淑梅还拿了个世界冠军。我们都开玩笑说，这个大楼地气好，'旺'滑雪队。"回忆往昔，这栋大楼留给关惠明的无疑是幸福的记忆。

1985年7月11日，关东都督府旧址被列为大连市文物保护单位。2000年，自从八一滑雪队搬离后，这里就基本成了无人居住的空楼。2007年年底，一场意外大火把大楼左侧的副楼烧毁。从那以后，这座大楼就大门紧锁，愈加荒凉孤寂。"这些年，有十几个剧组来这里拍过戏，不过来一个就把这楼里改个样，拍完了就走人。那年9月，还来了一群日本老人，趴在大门外使劲往里看，说是当年在旅顺的老兵。"看守大门的李师傅说，他已经陪伴这座空楼很多年了。

秋日的午后阳光斜射进这座偌大庭院，院中的杂草随风微动，而一棵棵古朴巨大的火炬松则静立无声，与陈旧的大楼默然相对，仿佛默默诉说着百余年的历史沧桑。

文 / 谭可歆

关东都督府旧址

143

旅顺日俄监狱旧址

殖民统治的血腥见证

从大连市区沿着旅顺南路，一路前行，过了高新园区视野变得空旷清澈，路两侧的山丘被深绿的植被覆盖，给人以都市无法获得的深静。过了隧道，就是旅顺口区。

在旅顺口区向阳街139号，这片始建于1902年俄国殖民统治大连时期的建筑群，已经走过了120年的岁月。

都说建筑是历史的见证，这句话用在旅顺日俄监狱旧址身上格外贴切，它不仅见证了俄国和日本两个侵略者的血腥和残暴，而且见证了中国人民的屈辱、抗争和新生；它不仅记录了一个世纪的沧桑岁月，而且还铭刻了一个民族的不屈不挠。

如今，它的周围建起很多欧式、田园式的住宅，唯独它，依然保留了百年前灰砖墙与红砖墙两种色彩的老样子，独守在那里，向世人讲述它亲眼所见的一切。

阿列克谢耶夫一纸奏文，
百年建筑起于元宝房丘陵地

王珍仁曾经是旅顺日俄监狱旧址博物馆的副馆长，几年前退休了。王珍仁介绍，旅顺日俄监狱始建于1902年，由俄国人初建，那时，旅顺口作为租借地已经被俄国霸占了四年之久。四年间，俄国在这里建起了关东州的中心，选址太阳沟作为新市区，建剧院、民政署、俱乐部、达官贵人的私邸，他们真的是想把旅顺口作为永久的殖民地来经营，想把旅顺口建设成俄国的远东中心，这是一项长久的、有目的的、有计划的政治军事规划。俄国政府在旅顺的统治者已经显露出了要用旅顺要塞和海岸线上遍布的堡垒和工事，来"捍卫"他们已经攫取到的利益的野心，而修建一座规模宏大、设施完善的监狱也是"捍卫"的手段之一。时任关东州厅长官的阿列克谢耶夫给沙皇尼古拉二世递去了一纸奏文，文中讲得清楚：拟在1902年年初，在旅顺修建能容纳120人的监狱，该项设计已经完成，以收纳重大犯罪者和判处流放及死刑的人。

　　监狱，历来是统治者不可或缺的国家机器。阿列克谢耶夫也许想不到，当年他在关东州厅长官官邸中用羽毛笔轻轻松松写下的一纸奏文，开启了一座杀人魔窟的血腥历史；也许他更没有想到的是，辛苦了两年，从设计到施工，所要建成的旅顺监狱还没有完工，俄国人在旅顺的殖民史就已经落幕。

　　很快，尼古拉二世的批准就返回了旅顺。1902年，殖民者开始在旅顺口元宝房一大片丘陵上依山修建监狱。据说，当初之所以选址元宝房的丘陵地，殖民者还有一个小心思。笔者曾读到过一篇文章《旅顺监狱旧址建筑概说》，作者是张翠敏。文中提到，俄国人在选址上是经过周密考虑的。他们最初是想把市中心选定在旧市区，遭到了反对，后迁至太阳沟建新市区，这样，监狱的选址就要远离市中心，所以偏僻、背依山地的元宝房就进入了殖民者的视野，他们强占了大片耕地，开始修建一座杀人魔窟。

建筑尽显俄罗斯古典主义风格

　　从1902到1904年2月9日前，两年的时间里，俄国人建成了监狱的前楼、后楼和85间牢房以及单体死刑室。前楼二层，作为办公楼使用；后楼地上二层，地下一层，地下部分准备作为女牢使用。牢房三面呈放射状分布，西侧、中部牢房各二层，东侧一层尚未修完便因为日俄战争爆发而停工。

　　俄国人修建的前楼（进入旅顺日俄监狱大院，入口处的那栋楼），占地483平方米，是当时俄罗斯古典主义建筑思潮影响下的产物，沙俄统治下的旅顺和大连有很多建筑体现了这种风格特征。前楼以中部拱形门洞为中心，

旅顺日俄监狱旧址

左右采取对称式，中间部分微凸，两侧后折，用凹凸线角装饰墙体，窗楣为二层，圆券窗楣上套尖券窗楣。本色水泥涂抹墙面，使灰暗的大楼如同狼窝虎口，监狱特有的恐怖和阴森尽显无遗。为了给肃杀的建筑一点儿装饰的美感，设计者还特意在转角处将灰砖叠错，一二层之间的外墙突起棱线，似乎努力把这栋阴森的建筑打扮得美观一些。可笑的是，无论殖民者如何粉饰，也遮挡不了监狱中冰冷的刑具、阴森的牢房所具有的血腥面目，曾经被关押在这里的无辜平民和抗日志士遭遇的累累酷刑是对监狱墙体上高贵的古典风格纹饰的最大嘲讽。

值得一提的是，后楼在设计上有一个显著特点，不仅让俄国之后的日本侵略者延续了这一风格，而且日本人还将这种监狱设计特征延伸到了之后他们修建的台湾嘉义旧监狱、韩国西大门监狱中去。这一特征就是欧洲传统放射状建筑特征。

在一本图册中，笔者看到这样一张空中俯瞰拍摄的日俄监狱全景图，它的一部分是呈放射状的，与印象中传统的监狱形状大为不同。俄国人把欧洲传统建筑中的这一特征巧妙地移植到监狱牢房的建筑上，把关押犯人的功能发挥到了极致。笔者进入牢房内部，站在放射状牢房的集中处，发觉那是监视犯人最好的视点，看守台设在那里，三面牢房就可一览无余。

1904年，日俄战争爆发，尚未完工的旅顺监狱被军队临时用作野战医院

旅顺日俄监狱旧址前楼

和马队的兵营。一年后，俄国人在战争中败北，日本接手了俄国在旅顺和大连的一切权益，其中就包括了尚未完工的旅顺监狱。

　　日本人几乎是在旅顺站稳脚跟的那一刻，就开始了对旅顺监狱的扩建。到1907年日本人完成扩建，作为关东都督府监狱本署正式开始使用。旅顺监狱，经过俄、日两大帝国主义列强的修建，从外观上一眼就能分辨出两个时期的建筑——灰砖部分是沙俄的产物，红砖的牢房是日本的产物。这些建筑主要材料砖就是来自监狱围墙外的窑场。

　　在日本殖民统治大连时期，旅顺监狱几经

放射状的牢房，把关押犯人的功能发挥到了极致

旅顺日俄监狱旧址内部

易名，1939年最后定名为"旅顺刑务所"。到1934年止，日本殖民者在长725米、高4米的围墙内共建成普通牢房253间、病牢18间、暗牢4间、工场15座以及检身室、刑讯室、绞刑室、食堂、浴室、仓库等，围墙外设林场、窑场、菜地等，共占地22.6万平方米。40年间，旅顺监狱是当时东北地区规模最大、设施最完备、关押人数最多、用刑最残酷的法西斯魔窟。

沾满抗日志士鲜血的14年升迁路

田子仁郎是旅顺刑务所最后一任典狱长。田子仁郎和他的几个前任们一样，奉行的是嗜血的殖民暴政。

日俄战争爆发那年，田子仁郎出生在日本福岛县石城郡川部村，1925年他应征入伍。五年时间，熬到了步兵上等兵。1930年9月，田子仁郎转入关东厅警官训练所，开始了他的警务生涯。与在步兵时期相比，田子仁郎的警务生涯可谓顺利，不到五年的时间，就从练习生升到了热河凌源日本领事馆任警察分署署长、警部补，再三年升为警部。到1942年8月，因为旅顺刑务所下辖的大连支所发生了"抗日放火团"成员邹立升越狱事件，原来的所长被撤，田子仁郎出任大连刑务所所长，晋升为典狱补。1944年5月，他调任旅顺刑务所所长，晋升为典狱长。14年的时间，田子仁郎就成了东北地区最大监狱的头儿，就连他自己都承认，他是双手沾满了中国人民的鲜血，从而得到了内阁府赏勋局的赏识，以至于飞黄腾达不断地升官。

田子仁郎在旅顺刑务所当了15个月的典狱长，其间狱中累计关押4000余人，因其滥施酷刑和毒辣虐待，15个月间，共计死亡者100名以上。该死亡数字是根据田子仁郎在抚顺战犯管理所关押期间所写的供词而得，我们今天只能作为参考数字来看待。因为在田子仁郎的任期内，恰好是日本的侵略战争做困兽之斗垂死挣扎阶段，随着战争局势的不断转变，日本殖民统治当局已预感败局最终无法挽回，在旅顺监狱开始疯狂的秘密屠杀。统计资料显示，仅1942年至1945年8月，在旅顺监狱绞刑场就杀害700多人。

除了杀人，田子仁郎还指示下属给犯人食用腐坏的糠和混有沙石的高粱米饭，并强制他们于刑务所内的制砖、纺线、木工、铁工等15个工场中每日做10个小时以上的重劳动。他在担任典狱长一年多的时间里，就从15座工场、窑场、菜地、林场中榨取利润53万元日币，相当于当时159万公斤大米的价格，全部经日本银行送交日本大藏省（现财务省）。

1945年8月16日，就在日本政府宣布投降的第二天，田子仁郎还在旅顺监狱处死了来自延安的情报人员刘逢川和何汉清。在他逃离旅顺

旅顺日俄监狱旧址

绞刑室

前，他还下令烧毁了大量的文件和罪证，那些仓促间被掩埋的纸灰，在26年后旅顺监狱旧址展览馆修缮重启的过程中被发现，得以重见天日。

1945年10月，田子仁郎被苏联红军逮捕；1950年7月，被引渡移交中国，关押在抚顺战犯管理所。曾经的典狱长沦为阶下囚，历史的想象力让人叹服。做了11年囚犯，1956年8月，田子仁郎被中国政府特赦回国后，又活了31年。1987年11月27日，83岁的田子仁郎在过完生日不久，带着对罪恶的悔恨离开了人世。

历史并没有终结于此。1999年7月21日，田子仁郎的次子田子进司怀着复杂的心情到旅顺日俄监狱旧址参观。田子进司曾说："父亲回国后经常谈起在抚顺战犯管理所关押期间的事情。中国人对他们不打不骂，不侮辱人格，尽力为他们提供良好的学习环境和生活条件。尊重日本的民族风俗习惯，组织开展文化娱乐活动和体育活动。父亲自知罪恶深重，所以忧郁多疑，战犯管理所对他进行悔罪教育，组织学习《国际法》以及到社会上参观，并结合他所犯的罪恶，帮助他逐步转变过去的观点，转变立场，使他不仅认识到自己受'法西斯主义之毒素浓厚'，还主动在供述中认罪，'我对百余名中国人使用如此毒辣方法或以各种刑罚虐待而使之死亡的，因此，我对此应负全责'。父亲能够平安回国是我们没有想到的，我们全家都非常感谢中国政府。"

维修重启为博物馆

1945年8月旅大解放后，日俄监狱长期作为苏联红军驻军营房使用。1955年，中国对旅大恢复行使主权之后，这里归属中国人民解放军驻军某部，部队所属的工兵团和海上勘测队先后驻在这里。1971年，因为国内外的形势所需，当时的中共旅大市委和革委会决定修复日俄监狱，陈列为展览馆，作为爱国主义教育基地使用。现任旅顺日俄监狱旧址博物馆副馆长周爱民的父亲周祥令老馆长就是在1971年调入日俄监狱陈列馆工作的。

周爱民副馆长在回忆文章里曾经提到过这段，当时的日俄监狱大院可以说从1945年到1971年的26年间从未维修过，大墙内杂草丛生，院内牢房、工场、办公楼都是瓦碎房漏，破烂不堪。

大院的修缮工作很难，垃圾的清理工作由单位和部队出车往外拉，当时空军还派出了一个排、10辆车，驻扎在监狱里帮忙清除垃圾。办公楼前的柏油路，路面下铺的大石块是当时旅大市五十四中、五十五中的中学生从东鸡冠山拣来的，部队的车拉了四天；上面铺的小石块是从旅顺口区三涧堡韩家村北小黑石村南山上买的，由10辆带拖斗的大解放卡车拉了一天。仅仅用了六天的时间，就完成这个大工程。

1971年7月6日，旅顺监狱旧址对外开放，当天的"帝国主义侵华罪行展览"接待了近万名观众，随后的51天时间里，共接待了超过17万人次的观众。

"当年，监狱博物馆工作者面临的条件非常艰苦。一把笤帚3角钱，都不舍得买。1976年，馆里招进了一批新的讲解员，进馆时，每人发了一套深蓝色更生布的工作服。他们把已经起了毛刺的旧地板刷净，再涂上油漆，没有工具大家借，没有护具自己备，油漆不够就从家里拿。观众来了，工作服来不及换，满脸的灰尘顾不得洗，马上就投入讲解。那次的自力更生，为国家节约了开支300多元，在那个年代，这300元也是一笔不小的数字。"周爱民回忆道。

从1971年到2019年这48年间，旅顺日俄监狱旧址博物馆接待了百万计的游客，其中就有诸多党和国家领导人，文化界名人像英若诚、贺敬之以及民

记录一个世纪的沧桑，又铭刻一个民族的不屈不挠

旅顺日俄监狱旧址

族英雄的后代们，比如邓世昌的玄孙、丁汝昌的玄孙、萨镇冰的侄孙女，还有姬兴周烈士的女儿等。许多电影电视剧都选择到这里拍摄，20世纪90年代初，名噪海峡两岸的、由凌峰拍摄的《八千里路云和月》，也在这里拍摄过镜头。

就连颇有名气的电视节目主持人孟非，也在2012年年初微雪的一天参观了这里。他在博客上发了照片，从他的镜头中，能够看出他对于这座建筑的感悟，尤其是那张绞刑室里的猫咪的照片让人思绪良多。

它本身就是一件文物

凡来旅顺日俄监狱旧址参观的人可能都在想，这里的一切是怎么保存下来的？半个世纪以来，经过不断的积累，才有了现在的厚实。

旅顺日俄监狱旧址本身就是一件文物。1996年，旅顺日俄监狱旧址博物馆被定为国家级文物保护单位，因为它是中国目前保存最完整的、唯一一座由两个帝国主义列强在中国建起的监狱旧址，它不仅记录了一个世纪的沧桑岁月，而且还铭刻了一个民族的不屈不挠。

凡是来到旅顺日俄监狱旧址参观的人，都会看到那些造型各异，留有不同文字的石碑。这些石碑多数在"文革"之中惨遭浩劫，被人遗弃在丘陵沟壑之中。为了不让这些石碑成为某些无知之人的垫脚石和建筑用材，监狱旧址的员工们苦苦寻觅，克服千难万险，把它们抢救入馆。

散尽了血腥的气色，成为反思罪恶的载体

1978年2月13日，正逢农历正月十五，家家户户都在准备着热热闹闹过元宵节。而旅顺日俄监狱旧址博物馆的工作人员却接到了一个特殊的任务：去旅顺的龙头镇寻找"攻城山"石碑。

攻城山位于旅顺龙头镇，原名凤凰山东南高地。1904年8月，日俄战争最激烈的时候，日军的炮兵司令部就设在此高地，指挥炮击旅顺俄军阵地。战后日军为了宣扬他们的"赫赫战功"，

1978年，文博人员寻找"攻城山"石碑

将其改名"攻城山"。1916年，日本"满洲战迹保存会"于此处立碑，"攻城山"碑名就出自日军炮兵司令丰岛阳藏之手。

"攻城山"石碑在"文革"期间被当地的群众拆毁。散落的石材陆续被人们用于建筑之中。就是这块刻有文字的石碑，也要作为石料用于生产队办公室的建设上。当得知这个情况后，时任旅顺日俄监狱旧址博物馆馆长的周祥令立即前往现场，他深知，如果"攻城山"石碑被毁坏了，将是不可估量的损失。

周祥令老馆长记得，那天天气骤变，刮起了凛冽的北风，下着鹅毛般的大雪。天还没有放亮，大家都来到旅顺火车站集合，乘坐第一班去大连的火车在龙头站下车。大家深一脚浅一脚地登上凤凰山的山顶时，已是汗流浃背。站在山顶上，只见山下是白茫茫的一片，远处一个小山坡上好像有一块长方形的石头。大家于兴奋之中连滚带爬向目标迈进。走到石头跟前，将雪除净一看，正是那方刻有"攻城山"几个字的石碑，此时它仿佛是一具冻死的僵尸，横卧在雪地里，幸好没有被砸碎，幸好来得及时啊。

同年3月14日，"攻城山"石碑被运回馆内。运输的过程也是备感艰辛。因为"攻城山"石碑在山上，汽车上不去，大家手中也没有先进的起吊设备，于是五个人分成一组，徒手搬动石碑，石碑一米一米地慢慢向前移

动。大家累了就喝一口凉水，饿了就吃一口干粮，互相鼓劲。直到傍晚时分，才将石碑运到山下马路边。然后又一鼓作气将石碑装上卡车，拉回馆里收藏。目前这块石碑已经被认定为国家二级文物，陈列于旅顺日俄监狱旧址博物馆"日俄侵占旅大物证展"的展厅里。

还有一件文物的打捞工作让周老念念不忘。那是1982年5月，海军驻军某部于旅顺羊头湾海域45米的海中打捞出了一件东西，状似沉船遗物，当时周祥令被请去协助清查此物属于何物。经过确认，周祥令等专家们认定这是清末北洋海军"济远"舰后主炮。在中日甲午丰岛海战中，清军水手就是用这门炮重创日舰"吉野"号，它具有重要的历史和文物价值。这门炮几十年前坠入海中，其时，重返人间。

当时正值5月初，水下温度才10摄氏度，200名官兵进行水下作业，士兵每人潜水5次，冰冷的海水中战士们既艰苦又危险，后来将打捞上来的文物分文不取地交给了文物部门。"当时很是感动子弟兵们的无私，我就去申请了2000元钱，想给可爱的士兵们买些纪念品，后来听说有些老兵要复员了，可是奖金却迟迟不到，不得已，我给他们每人申请了一本文物工作手册。事隔六年，听说山东省在打捞到'济远'舰前主炮等遗物时，用了几百万元的费用。一想起这事，我心里就感到欠着官兵的情啊。"周老说。

文物是记录历史的证物，文博人是守护文物的卫士，在与文物的一次次对话中，他们也在书写着历史。

1988年，旅顺日俄监狱旧址博物馆由国务院公布为全国重点文物保护单位。这些年来，它一直作为爱国主义教育基地被大连人民关注。2019年11月4日，博物馆因维修工程闭馆，2020年2月1日重新启幕。

旅顺日俄监狱旧址博物馆的起点是罪恶，而今它已经散尽血腥的气色，成为反思罪恶的载体，敦促民族前行的鞭笞。以史为鉴，不应是句口号，更是今人甚至是后人记在心间的字。

文 / 杨鹏

华俄道胜银行

昔战火硝烟，今风采依旧

在旅顺地界数百座风格迥异、逸闻加身的百年老建筑中，位于万乐街33号的华俄道胜银行旅顺分行原址，无论是建筑风格还是传奇身世都不是谈资最丰的，之所以聚焦于此，是因为与一些曾经神采奕奕、风流倜傥，如今破败潦倒、捉襟见肘的老建筑相比，华俄道胜银行旅顺分行旧址比较幸运，它基本保持了百年前建筑的外貌，恰到好处的斑驳与沧桑感让它如同一位经历丰富的中年人，越发显现出其厚重、练达的绅士风度。

2019年6月，投资上千万元的旅顺华俄道胜银行旧址钱币博物馆在此开张，博物馆展出了沙俄和日本殖民统治时期在中国发行与流通的货币以及债券等实物，以揭示沙俄和日本殖民统治者对大连及东北地区近半个世纪的金融扩张和经济掠夺。这种保护性利用，似乎是这座从建立之初就"很有钱"的建筑最好的安排。

百年老建筑：用料讲究，精美不失霸气

2012年，一个秋风沉醉的午后，在一家与这栋老建筑相关的置业公司项目负责人陪同下，笔者走进这栋始建于1902年的俄罗斯风格建筑。当时这里还在闲置，关于在此建钱币博物馆的计划还在酝酿中。

这是一座外表方正的二层小楼，建筑面南背北，这似乎是一种入乡随

通往楼上的木楼梯仍是旧日模样

俗的姿态——中式建筑愿意认同这个朝向，尤其是做生意，更是对于门朝南开有一种特殊的好感。目测楼体，高度似乎不及长、宽，所以小楼看上去有些短矬敦实，不过楼顶探出的木结构阁楼在视觉上的拉伸感弥补了这种缺憾。楼顶南面正中耸起一个三角形的山花，上面竖了一根旗杆，这让小楼打眼看上去，有点像俄罗斯大公的帽子。

小楼砖石木混合结构，浅黄色瓷砖照面，石材地基，窗框和楼体护角用淡粉色石材装饰，这种石材在天津第五大道的部分老建筑上也出现过，据说来自国外，价值不菲。房檐稍微外探，与上面的阁楼和三角形山花同为天蓝色，一圈托檐石如同北极熊厚实的熊掌，整齐排列。在项目负责人提示下，我注意到，外墙瓷砖的表面与现代建筑瓷砖相似，可是厚度竟然达到6厘米，与之相比，现代瓷砖准确地说只能算瓷片。据分析，这么厚的瓷砖既是当时的流行工艺，同时也很可能出于对建筑保温的需要。

对于一座精美的建筑来说，窗户如同画龙点睛。这栋建筑的设计者显然在点睛之处煞费苦心，不仅将一楼担负主要采光任务的窗户设计成高大的、上部半圆下部长方的样式，还在圆拱上面用石材做装饰，使窗户看上去有几分粗犷和霸气。到了二楼，设计师风格一改，将主窗从中间用半圆形拱券与石材立柱一分为二，而在窗户上方又不厌其烦地用更大的拱券把两个小拱连接起来。拱券线条细腻秀气，一丝不苟。

窗框是木质的，看得出一些斑驳痕迹，项目负责人告诉我，他们在上一

时间抚平了过往疮痍，谁能相信它曾经历炮火硝烟

次整修的时候，曾想过更换这些窗框，仔细研究才发现，更换的难度很大，窗框是从建筑外面先安上去的，又在上面扣上石材，除非拆下石材，否则窗框拿不下来。

身世沧桑　从银行变身俱乐部

当3米多高的木质大门在我面前戛然开启的时候，百年苍凉扑面而来。

尽管100多年间经历多次改造，但楼内的奢华气派仍清晰可辨。进门处是一段石头台阶，拾级而上，眼前是一间有高大穹顶的门廊，昔时，这里应该摆放一排身材丰腴、造型各异的美女雕塑。门廊两边有高大的房门，通往左右两边的房间。

穿过门廊，又让人有意外发现：一处八角形木质框架天井悬在头上，举目望去，阳光透过天井玻璃倾泻而下，精美得让人惊叹，又让人有扶摇直上的冲动。项目负责人告诉笔者，建筑内这样的八角形天井在国内只有两处，另一处在哈尔滨。当然，这里从开始就不是教堂，这个天井更多的功能是中

华俄道胜银行

央区采光和便于楼上人查看下面的情况。

19世纪末的甲午战争后，沙俄出于自身利益考虑，扮演了帮清政府要回辽东半岛的角色。不久，沙俄原形毕露，强迫清政府签订了《旅大租地条约》和《续订旅大租地条约》，大连地区沦为沙俄租借地。

华俄道胜银行作为沙俄扩张势力的战略桥头堡，迅速侵入大连地区。

1898年7月23日，沙俄殖民统治当局在旅顺设立华俄道胜银行旅顺办事处，1901年升格为华俄道胜银行旅顺分行。

据说，华俄道胜银行设立之初位于旅顺老市区旅顺军港3号门院内。由于经费有限，存在诸多弊端。一是手续费高，当时在旅顺找不到第二家银行，居民不得不在此存款或借款，但银行的高手续费令居民蒙受了很大损失，导致怨声载道。另一个不便是，银行只有一个营业点，无论你离银行有多远，要想办理业务，都得跑过来，碰上道远的，要坐半天马车。

为了消除弊端，使资金周转更快，沙俄殖民当局向沙皇建议"在旅顺建立国立银行分行"。1902年，一栋欧式二层小楼在太阳沟建成，该行就搬进了这栋楼。

谁是这家外资银行的首任行长，现在已经无从知晓。只是可以想见，在

门廊依旧可辨往日气派

沙皇凭借软硬兼施巧取豪夺在这里呼风唤雨时，那名行长的日子该是何等好过，他手下的鹅毛大笔享有代理国库、代理沙俄国家银行发行货币等特权，限定大连地区居民用银圆兑换沙俄卢布，兑换比价1.2银圆换1卢布——卢

楼内八角形天井让人有扶摇直上的冲动

布成了小城老百姓的硬通货，白花花的银子则源源不断地流进沙皇的口袋。"大鼻子"行长在帮沙皇赚得盆满钵满之余，很可能叼着雪茄，站在二楼南向唯一有阳台的办公室里，踌躇满志地眺望远方若隐若现的海面，打着如意算盘。

俄国行长的好日子没有维持多久，日俄战争开始了，战争的炮火也殃及了这栋建筑，据说，当时日军的一发炮弹正好打在银行东南墙角的墙体上，把墙上打出两个大窟窿。

日本人赶跑了俄国人，华俄道胜银行旅顺分行清算关张，日本人将其改造成休闲娱乐的"千岁俱乐部"。

1915年11月26日，日本关东都督府在该楼设立了"物产陈列所"，展放图书及多种文物。"物产陈列所"是旅顺博物馆的前期展馆。

1945年，苏军进入后，接管了这栋楼，后于1955年移交中国驻军使用。

掐指算来，这栋小楼作为银行面目存在也就两三年的时间，但它曾扮演的角色却不一般。史家学

被战争的炮火殃及的华俄道胜银行

华俄道胜银行

者把它定义为沙俄政府对中国东北地区金融垄断、扩张和经济掠夺服务的地道的殖民地银行，它专为扩建旅顺军港、修建大连港和中东铁路提供金融支持，是大连历史上第一家外资银行，大连金融业由此开端。

我听说，在楼北1米远处，有一片裸露在地表的约30平方米的地下室顶盖，据说下面是当时银行的金库。不知什么年代，金库的门被混凝土浇筑封死，有人曾经想找到金库的门，探究里面的情况，但是门的具体方位已经不能确知，若是蛮干炸开金库，很可能造成整个楼体倾斜，于是不敢贸然行事。由此，金库也成了外界对这栋建筑的诸多猜想之一。

重现生机　建成钱币博物馆

光阴荏苒，逝水流年。

进入新千年，旅顺口区全面开放，百年历史的小城面临新的发展机遇。

2011年，旅顺口区委、区政府加大对太阳沟街区老建筑保护的力度，提出了更加明确的目标。

区政府将"精心做好太阳沟街区保护、修复与利用。坚持政府主导、统

经历百年风雨剥蚀，这座小楼如今仍神采奕奕

筹规划、保护优先的总体要求，对老建筑和历史街区进行统一规划、修复和利用。采取多种方式，推进城区内军产建筑整体置换工作，对新华大街老建筑进行修复改造。加快把太阳沟历史文化区建成全市最具特色的文化创意产业示范园区"写进政府工作报告。

位于太阳沟中心位置的华俄道胜银行旅顺分行旧址建筑，2012年前后开始由旅顺一家置业公司负责管理和保护性开发利用。

那家置业公司的负责人聘请了大连文博领域的专家和收藏家作为顾问，参与到这些老建筑的开发和保护规划中。按照计划，在华俄道胜银行旅顺分行旧址里建立钱币博物馆，试图利用殖民主义者在大连建的第一个外资银行特有环境，回溯历史场景，通过对俄日殖民统治时期金融政策的描述，揭示大连及东北地区被金融垄断和经济掠夺的历史。该馆介绍的金融历史，一直延续到1949年大连开始使用人民币。

文/周媛

华俄道胜银行

大云书库

曾藏无价宝，空留一声叹

　　旅顺口区洞庭街一巷12号，即著名的大云书库。它建于1931年，是一栋三层楼的和风欧式混搭风格的建筑。

　　这栋楼曾经收藏了中国传统文化无价瑰宝，却横遭愚昧与无知的强暴，成为大连地方文化史，也是近代中国文化史一块难以抚平的伤疤。

　　它的主人因为一个错误的人生选择，身后毁誉参半，以致长久地遮蔽在历史的阴影中，形象模糊。

　　其后人因为出身问题在时代的洪流中沉浮，走过一段段令人唏嘘的人生。

　　人世有代谢，往来成古今。品咂大云书库和它的旧主一家的命运，令人五味杂陈。

横遭浩劫，令人扼腕

　　位于旅顺口区洞庭街一巷12号的大云书库毗邻它的旧主人——近代历史文化名人罗振玉的故居。曾在故居度过童年的罗氏后人向笔者描述："书库和老宅的位置在旅顺军港对面的山坡上，依山面海，站在后门看，白玉山塔就像在眼前。日本投降前夕，我们在家门口就能看见军港里游弋的军舰和半空中盘旋的飞机。选址造宅的时候，老太爷亲自占卜后说，战争打到这儿就到头了。于是，1928年老太爷用卖掉天津老房所得的六万元钱在此建房，先盖公馆，后盖书库。"

现实，好像偏偏要捉弄这个饱读诗书却又执拗得有些迂腐的老先生：1945年8月15日，日本投降，几天后，几百名苏军士兵空降土城子机场，兵不血刃，战争到这里真的到头了，然而，罗公馆和大云书库却偏偏此时陷进兵戎践踏和被劫厄运。

大云书库是罗振玉个人藏书楼，最早建于日本京都，当时罗振玉因不忍见清王朝覆灭，全家避走日本，书库因收藏了当时国内最早的佛经抄本《大云无想经》得名。后来，罗振玉举家落户旅顺，1931年，在罗公馆后院新建了一栋三层楼的和风欧式混搭风格的新楼藏书，仍名"大云书库"。

大云书库当年究竟藏书多少？现在已经无人能说得清，有的说30万册，有的说更多，都是罗振玉自清末开始，历时40余载辛苦搜讨，花巨资积聚起来的，其中不乏珍贵的古代善本、孤本。此外，大云书库还收藏了大量的殷墟甲骨。当年，罗振玉由研究甲骨文而喜爱书写甲骨文，他是世界上认识甲骨文最多，也是第一个以甲骨文文体写书法的人。大云书库还存有大量书画、青铜器等古物，是一座名副其实的文化宝库。

浩劫发生在1945年八九月份，苏军一夜之间空降旅顺，急征罗公馆、大云书库及周边的原日本高官住宅给苏军军官家属住，大云书库改作苏军招待所，书库藏书和文物一时无法搬走，遭到严重毁损。

珍贵书籍字画被成捆从窗口抛下去，甲骨和青铜器被当成垃圾扔进楼下水沟里。据说，此举一时引起远近老百姓蜂拥而至，旧书字画被扛走生炉子，画轴用以填旺灶坑，从画轴上扯下的字画，好看的被直接当了糊墙纸，看不懂的扔在路边。后来被收藏在旅顺博物馆的镇馆之宝元代《竹石图》，因为画轴是玉石的，不能当劈柴而幸免于难！一时间，旅顺街头的小摊都奢侈到用柔软的字画宣纸包裹瓜子和烤地瓜！

事后，虽然有关方面组织力量抢救回收流散的积藏，可已经遗失十之七八。

浩劫发生时，罗振玉已经作古，这未尝不是一件幸事，倘若主人目睹毕生心血遭此涂炭，定会心如凌迟。

罗振玉的孙子罗继祖晚年忆及此事感叹："天地翻覆，我家虽然破了，但多少人家解放了，不须沉溺其中不能自拔！"可是，对于文化宝藏，"子

破旧的三层小楼让人无法与大云书库联系在一起

孙不能尽保护责任，是做子孙的罪过，同时，也是对中国传统文化不知尊重保护的罪过。"

纵使五千年文明古国，又有多少家底儿经得起如此折腾？

在一个烈日灼人的中午，笔者循着罗家后人的描述，寻找大云书库的旧址。按照描述的特征找去，几次无果。终于，在一片新旧建筑芜杂的坡路旁，发现一根黑电线杆上用白油漆刷着"洞庭街12号"，这是资料记载的大云书库的门牌号——旧日地貌早已面目全非。路旁，矗立着一栋灰突突的三层旧式小楼，大门上锁，窗户紧闭。如果不是侧面墙上挂着"大连市重点保护建筑"的铜牌，它的破旧和素颜让人根本无法与"大云书库"这样雅致的名称联系在一起。小楼以花岗岩作底，上为砖木结构，侧门上方探出三角形的俄式雨搭，与二楼小露台边巴洛克风格的阳台廊柱混搭出些许贵气。透过边框斑驳、尘封已久的窗户向里张望，墙皮剥落，房间狭窄，空无一物。

据说，遭劫后的大云书库先后用作苏军招待所和部队营部，内部格局面目全非。

一家之主：持家恪守三纲五常

长久以来，史学界对罗振玉的感情总是很纠结，一方面，他是学富五车的农学家、金石学家、国学大师、一代大儒，发现并提携了后世津津乐道的《人间词话》的作者王国维；另一方面，他像信仰宗教一样迷信皇权，一生追随前朝旧主，甚至不惜借助日本军国主义势力实现复辟清朝的梦想。而后者，不仅让其生前落寞，身后也一直遮蔽在历史的阴影中，被正史刻意回避。

历史在人世代谢、沧桑巨变中不断前进，而历史人物的是非功过因历史

大云书库旧址

的沉重与苍凉,深深地留在艰难、滞重的岁月印痕中。

抛开史学界对罗振玉的评说,在罗家后辈晚生的记忆中,罗振玉只是个事无巨细、勤于持家的大家长,他深沉含蓄、舐犊情深,却又说一不二,不怒自威,他把重建封建王朝秩序的政治主张完全投进大家庭。在罗家,纲常伦理是一切行为的规范,这一点从每天早晨服侍老太爷起床的情景就可窥得一斑。

罗允康老人保存着6岁以前的这段记忆——曾祖父清早起床颇有些仪式感,孙男娣女都进寝室来服侍,大人们要求小孩:"不许吵闹,不许哭,要笑,要甜甜地喊'老爹爹'。"儿孙们有的奉上长袍,有的给递袜子,有的拿鞋,有的侍茶,还有的捧痰盂……"老太爷要是心情好,就赏给孩子们一人一把江米条,

让罗振玉痴迷到老的古文字

大云书库

165

要是不高兴，这江米条就没有喽！"

罗振玉本人穿了一辈子大褂、布袜，走路迈方步，完全是儒生做派。曾经留过洋学习现代农学的他，晚年对洋物件却很排斥。他不许家人用洋火，只可以用打火石；不让穿毛线织成的衣物，一律穿传统中式褂袄。在罗家，奉祖制，祖宗为上，每到年节，全家上下都要庄重地拜祖先，男人在前，女人在后，磕头的仪式就得半个多小时。老太爷还从旁观察，发现哪个小孩姿势不规范，就会威严地发话："以后要教教他，这样磕头到外面人家笑话怎么办？"

社会变革的车轮滚滚向前，试图阻碍潮流发展无异于螳臂当车。与复辟皇朝的主张不得施展一样，罗振玉三纲五常的持家之道也被晚生后辈以两面派的态度顽皮地敷衍。尽管旧主溥仪对他不太待见，但即使辞官归隐，罗振玉仍然坚持每年到长春觐见一次"皇帝"，小住几天。"老太爷不在家！"这个消息如同一道特赦令牌，用罗允康的话说，"全家人都疯了！""男人都脱了长袍马褂，换上西装革履；媳妇们买毛线，打毛衣；俺娘欢天喜地地跑到厨房，跟下人学做狮子头。全家上下人欢狗跳……"老太爷坚持的门当户对、父母之命的婚姻规则竟遭到女孩拼死反抗，"我一个姑奶奶为了抗婚从楼上跳了下去，闹出一场虚惊，老太爷觉得自己的好意不被晚辈理解，伤心地表示'再也不管你的婚事了。'"

满腹经纶、治学严谨的罗振玉晚年迁居旅顺后厌恶学校教育，说："学堂把小孩都教坏了。"他亲自考核、聘请老师，办家学，给孙辈重孙辈上课，甚至亲自指点孩子们的学业。日后成为吉林大学教授的长孙罗继祖就师承祖父，被称为"没上过小学的大学教授"。

而对于四个儿子来说，罗振玉更像是个学科带头人，他自己研究经史子集、金石之学，儿子们的研究方向也各有分工，分别主攻西夏

晚年罗振玉

文、敦煌学、甲骨文、考证学等，且在各自领域都有建树。

晚年对仕途心灰意冷辞官归隐的罗振玉将疲惫的身心投入大云书库，将余生沉入学问中寻找人生的慰藉。据罗允康老人回忆，三层楼的大云书库外面有两道门，正门朝南，一楼进门是个大厅，墙上挂着一幅水墨画，厅里摆放着老太爷的写字台、太师椅、文房四宝和一排沙发。

楼上则完全是书籍的海洋，每层楼都完全通透，一排排的玻璃书柜分上下两层，从地面一直顶到天花板。书柜里摆满了经史子集、书卷画轴，玻璃下角有标签注释。书库防腐，樟木飘香。罗允康说，前几年，当时的大连图书馆馆长特批她进入她父亲罗继祖所捐赠图书的专馆，扑面而来的香樟味让她感慨："久违的老房子味儿！"

书库里有几把小木梯，以备整理高处书籍用。当年，须发皆白、戴着金丝眼镜的罗振玉，蹒跚在书海中，颤巍巍地取出他感兴趣的读本，在隔几米就安置一张的书桌前坐下。他只能两耳不闻窗外事，一心只读圣贤书……

罗家后人：致力于传承先辈学问

1945年秋天，大云书库和罗氏老宅被苏军征用之前，住在老宅里的是罗继祖和罗承祖两家人。

当时，上门来通知房产将被征用的是三个穿军装的苏联人和一个当翻译的中年中国人，对方限罗家三天搬家，不过，说的是借用房产，借期三个月，东西也不用搬。此前，罗承祖已经把家人移居到康寿医院，继承的庞大家产别处根本装不下，也搬不走，老宅里的东西就锁在屋里。

罗允康记得，父亲罗继祖当时不在旅顺，家中只有祖父母和母亲带着她和哥哥。仓促中，他们家借得一处歇业的绸缎庄落脚，大人们忙乱地把家产打包装箱，装满雇来的十辆大马车，一些带不走的东西被整齐地放在玻璃柜里。搬家那天，家里人手少，看管不过来，满载的十辆搬家马车，有三辆眼睁睁地看着被车老板直接赶跑没影儿了。

没多久，外面传来消息，大云书库和罗家被抢了。有人说，当时，苏军放了三天假，无人管理的街面刮起哄抢狂潮……

罗继祖家丢了三大车家产，罗承祖家被哄抢一空，殷实之家转瞬败

大云书库外表朴实无华与其盛名似不相符

落……

　　祖上的丰厚积藏并没有荫庇后辈，反而成为负累，给后人带来无尽烦恼，外人的垂涎与未能守住祖产的愧疚时时困扰着罗家后人。

　　经历了一次次运动与冲击，多次搬家迁居，家资尽散。罗承祖下乡时，三个儿女正值青少年，大女儿罗允新勉强念到初中毕业，两个儿子还没上初中，书香门第、家学渊博的前人往事对于他们更像一个遥远的传说。回城后，罗允新从事幼教，两个弟弟到工厂当了工人。他们的母亲，皇族格格，也是家庭妇女的毓灵若终于熬到实事求是、解放思想的年代。晚年，她沉浸在书法艺术中，在她小儿子罗靖国的家中，笔者看到毓灵若晚年临写的书法作品《兰亭集序》，笔体娟秀流畅，极具功力。

　　2005年，毓灵若去世了，跟随父母颠沛流离的三姐弟怅然若失。他们偶然间得到一本曾祖父当年编撰的印刷本《集殷墟文字楹帖汇编》，小册子里的甲骨文似乎有种神奇的魅力，牢牢地抓住姐弟三人的心。他们商量，要力所能及地把祖上研究的学问承袭传播出去。

　　2012年，大连甲骨文学会成立，罗卫国和罗靖国都积极参与学会的工作。罗卫国擅雕刻，他的绝活是原样复制甲骨片，他仿制的甲骨片由骨粉和合成材料制成，质感、外观、文字与真品都十分相近，只是略重。他已经仿制了几十件甲骨片。这项工作需要一定的雕塑和书法功底，还有刻字、绘画、做旧的能力。据说旅顺博物馆藏有近3000片甲骨片，几乎都是罗振玉当年搜集的，罗卫国准备挑选成篇、有故事性的甲骨片复制。

罗振玉的后人在潜心揣摩甲骨文中理解前辈的人生

出自他手的这种复制品如同一件件精美的工艺品。

罗靖国从小酷爱书法，用他的话说就是"一直没把字扔了"，金、篆、隶、楷都游刃有余。作为特殊工种工人，他早早退休，一度在社区艺校教小学生书法。在翰墨飘香的家里，罗靖国把学生们的练字本拿给笔者看，每本练字本上，每行的头个范字都是罗靖国亲笔写的，他还一笔一画地把字分解，逐画示范。每篇作业都有他的评语，其一丝不苟令笔者赞叹。他说，他的本意是教孩子们写甲骨文，可是，孩子们爱学，家长却不干了，他们抱怨他"净教些没用的"。"你写的是甲骨文吗？"家长们用这样的话训斥写字难看的孩子，让罗靖国很无奈，他只好以退为进，以教楷体字为主，适时教几个甲骨文。

书法、雕刻、绘画，罗家姐弟从未拜师，却都做得有模有样。罗卫国说："这些本事我们不用学，从娘胎里带来的，生来就会。"也许真是这样，罗家前人治学的本领已经变成密码，注入后辈的基因，融入他们的血液，这笔财富谁也抢不走。

看得出，与祖上的殷实相比，罗家姐弟都不富裕，但他们生活得充实而快乐。曾经的显赫之家早已没有可让他们继承的物质财富，他们之间由此也不存在许多世俗人家为家产产生的彼此猜忌和怨恨。姐弟团结和睦，感情融洽。

在访问罗允康、罗允新两位老人的时候，堂姐妹俩不时穿插家常闲聊。罗允新忽然想起并告诉堂姐，老宅原来那张雕花实木书案现在收藏在某某

人的家里，他家人原是罗家帮工，有罗家钥匙，听说，有人开价60万他不卖，要价100万呢！饱经沧桑的罗允康老人淡淡一笑："噢，要那么高价钱啊！"两人的语气就像讲电视剧的剧情，可能，只有亲身经历的人才能深切体会，有形的财富如流水，谁也不是它最终的主人，而真正能够荫庇后代的传家宝却是那些看不见、摸不着的东西……

罗家承重孙的悲剧人生

对于罗允新来说，"父亲"这个称谓，苦涩多于亲昵，她的父亲罗承祖是罗振玉的承重孙，命运对他最初的安排是含着金汤勺出生的书香门第大少爷，然而，造化弄人，成年之后的他，运势却急转直下，半生磨难，53岁时死于一场无妄之灾。

女儿的感觉：对早逝的他有些许疏离

罗允新的父亲罗承祖是罗振玉的承重孙。说起父亲，罗允新除了像所有为人子女的那样，对父亲用尊重和缅怀的语言描述外，还有一件发生在他们父女之间的事如今想来仍显鲜活：罗承祖被关"牛棚"的时候，托人捎来一张字条，让她把家中尚存的几件罗氏手稿给某某人。年少的罗允新对周遭的事情似懂非懂，但她潜意识里认为，那些手稿是自己家的宝贝，不应该给外人，就从手稿中拣了几件看上去比较旧的"破东西"打发人家。很多年后她才知道，那些"破东西"是罗氏手稿的原件，比较珍贵，而留下的那些"挺好"的只是印刷品。

罗承祖的妻子毓灵若是清道光帝第五子惇亲王奕誴的后人，他的家庭因此是"皇亲国戚"，加上出身罗家，在论成分讲出身的年代，罗承祖的境遇可想而知。为了让儿女们少背家庭包袱，也避免孩子们少不更事惹是生非，罗允新姐弟印象中，父母对家事总是讳莫如深，两代人之间似乎总有一道屏障，对于早逝的父亲，子女们甚至有些许疏离感。

侄女的印象：他英俊潇洒，头脑灵活

机缘巧合，笔者在相继采访了罗承祖的侄女罗允康老人和罗承祖下乡时的忘年交程实老先生时，得以勉强拼接起这位罗家承重孙的悲剧人生。

罗承祖之所以是承重孙，还有段来历。据罗允新所知，罗振玉有五个儿子，除次子早夭，成年的分别是长子罗福成、三子罗福苌、四子罗福葆、五子罗福颐。因为哥哥无后，罗振玉早年将长子福成过继给哥哥，三子福苌也无子，四子福葆的长子被过继给“长子”福苌，按照旧时家族宗谱排序，本是罗振玉四子之长子的罗承祖成为孙辈的“排头兵”，即承重孙。

在罗允康老人的记忆中，大叔（罗承祖）大高个儿，头发自来卷，英俊潇洒，性格开朗，脑瓜儿好使，交游广泛。“大叔比我大12岁，特别聪明，在日本殖民统治时期的旅顺医专念完医科。大叔贪玩，是个经常逃学翘课的学生，可是考试前几天临阵磨枪挑灯夜读，每次都考得不赖。他经常带我下馆子或去动物园玩。大叔大背头总是打理得锃亮，还带我去理发馆做过头发，我的头发丝硬，他一边捋我的头发一边说：‘这小丫头倔死了！’”夏天，大叔还带着侄女到罗家老宅附近的日本桥上钓蟹子，蟹子上钩了，大叔就吆喝他最喜欢的大黑狗下水游泳把蟹子叼上来。记忆中，大叔既是长辈，也是罗允康童年的大朋友。

成长在讲究繁文缛节、家规严格的旧式大家庭，却又接受了西式教育，罗承祖的生活是新与旧的矛盾体，也是统一体。罗承祖与大嫂——罗允康的母亲相处和睦，罗允康老人记得，“娘在大家庭婆媳姑嫂关系中少不了生气上火的事儿，有一次，大叔在外喝高了，回家还很兴奋，跑去和我娘唠嗑，他一瞥眼前的喷壶说：‘谁要敢欺负大嫂，我就让这个苍蝇壶子做主……’”嫂子让他说得啼笑皆非。

世家公子：曾为爷爷“割股疗亲”

世家公子时的罗承祖善于结交，常常有饭局应酬，可是老太爷家规严格，全家上下少不得为大少爷打马虎眼。

老太爷去长春小住了，全家人如松了绑一般，大少爷更是兴奋不已，呼朋唤友把酒狂欢。下人们点灯熬油给他留门，有时就迷迷糊糊睡着了。这样的时候，大少爷养的狗儿们却很管用，深更半夜，院里的狗屁颠屁颠跑进门房，有的嘴里叼着大少爷的领带，有的衔着皮鞋，示意下人去接大少爷。下人到门口望、到路口找，最后在水沟里把烂醉的大少爷背回家。

不料，第二天一大早，老太爷回来了，一看族人中少了承重孙，爹娘和姑嫂们忙糊弄老太爷：“大少爷昨晚看了一宿书，天亮才睡。”本有愠色的老太爷咳嗽一声，脸色多云转晴：“那别叫他，让他好好休息，别弄动静。”这边儿，早有人去通风报信，一听“爷爷回来了！”大少爷醉意全无，赶紧重披长袍马褂，装扮好了去给老太爷请安……说到这一段，罗允康

老人忍俊不禁。

就是这样一个听起来顽劣新派、毕业于西式医专的大少爷，在爷爷病危的时候，却悄没声地做出令人瞠目的"割股疗亲"的大孝之举。"大叔在卫生间里自己用刀片在肱二头肌上割下一块肉，放在瓦片上焙干，磨成肉粉兑了黄酒给老太爷喝，希望自己的孝行能救活老太爷。可惜，并没能让老太爷起死回生。"当了一辈子内科医生的罗允康无奈地摇头——"割股疗亲"只是旧礼教中孝行的模板，该故去的终将故去。

造化弄人：接连遭遇牢狱之灾

罗振玉去世后，各房实际上已经分家单过，老宅分东楼、西楼，长孙罗继祖一家与父母住西楼，罗承祖夫妻与老夫人住东楼。那时，罗承祖开始行医，他买下了肃亲王格格原来的房子，开了一家名为"康寿"的医院。

1945年4月，罗承祖新婚燕尔，由溥仪指婚，新娘是皇族后裔。新人巨幅婚照挂在粉饰一新的东楼门厅里。刚过门的大少奶奶不断变换时髦的发型，隔几天换一双尖口绣花鞋。女眷们大门不出，二门不迈，对即将天翻地覆的世界迟钝麻木，完全没有意识到这个家正大厦将倾。

1945年8月，日本投降，旅大地区被苏军接管，行医养家的罗承祖接连遭遇牢狱之灾。

第一次牢狱之灾是在苏军接管之后不久，住在旅顺日本高官住宅区、前辈与伪满洲国和日本人过从甚密的罗家，有多人被拘禁，罗承祖也在其中。

这次牢狱之灾能很快被化解，其实得益于老太爷罗振玉的行善积德。原来，罗振玉在世时接济过一个拖儿带女讨的妇女，当时，这个妇女身披麻袋片，怀里还裹着个嗷嗷待哺的婴儿，她的丈夫打鱼死在了海上。罗振玉承诺，每月接济她十块钱，让她安心在家养育子女，当时一块钱可以买一袋面。罗家后人一直信守着这个承诺，直到妇女的大儿子可以赚钱。听说恩人家有难，这个妇女找到彼时的地方政府，陈说此前所受恩惠，当时政府就听穷人的话，罗承祖由此被释放。

不久，牢狱之灾再次降临，起因是一起医疗事故。康寿医院规模不大，雇了个日本护士打针换药。一次，医院接到任务，给驻军和附近居民打疫苗。日本护士不知出于什么原因，将汽油当作药水抽进注射器，造成数十人针眼儿化脓感染。罗承祖作为直接责任人，被投进监狱关了两年。其间，不足周岁的儿子染病发烧，没来得及救治不幸夭折。

无妄之灾：乡下赶集死于非命

从风流倜傥的世家公子沦为阶下囚，经历人生重挫的罗承祖出狱后被吸收到旅大医管处工作。

当时的乡村退休教师程实老先生认识后来下乡的"五七战士"罗承祖，他描述的罗承祖让笔者很难与罗允康老人说的那个罗承祖联系到一起。

20世纪70年代，瓦房店土城子镇吴屯青年点来了行囊简单的一家五口。村民传说，那家男主人是来接受贫下中农再教育的大连医生，出身不好。大家都对他们一家投来好奇又刻意冷淡的目光。"大连医生"个头很高，身材佝偻，不时咳喘，看上去好像七八十岁，人们称他"老罗大夫"，其时，罗承祖当时仅四十七八岁。

一个契机让程实有机会接近老罗大夫。那是上级组织"批林批孔"，社员们对"孔老二"不甚了解，听说老罗大夫是皇亲国戚，程实决定请教一下。见多识广的老罗大夫让程实佩服不已。

程实给爱人从集市上买了一辆二手自行车，乡邻七嘴八舌猜是哪国货，"日本的""苏联的"争个不停。程实把车推来，老罗大夫拿着放大镜看了看说："这是'老修'（苏联）产的'多乐斯'牌儿。"

程实从只言片语中了解到，老罗大夫家学渊博，小时候，家里每个孩子都有"德妈子""道妈子""水妈子"三个人照顾，分别担任学习、生活和操行方面的保姆。

一来二去，两人成了忘年交。

老罗大夫肯钻研，在农村牵头搞科学试验，研制成功920农药，还在村民中推广定期驱虫。

在落寞的下放生活中，老罗大夫曾向程实感叹"锦上添花不稀奇，雪中送炭世间少"，个中滋味，一言难尽。

青年点房子低矮简陋，土炕很窄，老罗大夫个儿高，在炕上得蜷着，为了能伸直腿，他索性横躺在炕上，这在乡下人眼里是犯忌讳的事。程实好心提醒老罗大夫，可是对方只是淡淡一笑："咱们得讲科学，封建迷信那一套不能要！"

罗承祖的人生在1975年的一天毫无征兆地戛然而止。那时，罗承祖下放生活即将结束，已经分配到当时的麻风病医院工作，马上要去报到了。

当天，他趿拉着拖鞋，拎着篮子到集上买鸡蛋。突然，人群一阵躁动，一个大家都认识的村民精神病突然犯了，正在发飙，人们吓得四散躲避，当医生的罗承祖却没有躲，那个村民猛地蹿过来，操起锤子狂砸罗承祖的太阳穴……

因为事发时凶手处于精神异常状态，此后并未对疯狂举动承担任何责任。

罗承祖死的时候53岁。

"怪人"三姑奶奶罗孝纯

现在的罗家后人保存着一张泛黄的全家福，照片上的人不分老幼，男的一律长袍马褂，女的全着斜襟旗袍。在孙男娣女簇拥下，一对老年夫妇慈爱却不乏威严地端坐正中。所有人的衣衫发鬓纹丝不乱，照片透露出这个家族的大家长对于古法旧礼执拗的坚持与维系。

父母的掌上明珠，却难容于大家族

这张摄于1937年罗氏旧居的照片上一共有23人，"这是老太爷、爷爷、

20世纪30年代的罗振玉家全家福

大叔、二叔……"罗允康老人眯起眼睛，一个个指认，"这上面的人在世的只剩下9个了！"

在这张全家福上，最后一排正中间的一个富态女子很显眼，她满月脸盘，额头浑圆，眉清目秀，一副地道的养尊处优的富家少奶奶形象。"这是三姑奶奶，也是我们家的'名人'，后来闹得沸沸扬扬的罗振玉与王国维'绝交'的传言就是从她身上引起的。"

三姑奶奶叫罗孝纯，是罗振玉最小也是最宠爱的女儿，16岁时，由父亲做主，嫁给19岁的王潜明——与罗振玉共同创立"罗王之学"、至交王国维的长子，成为王家儿媳。

两人婚后夫妻恩爱，相敬如宾，生育了两个女儿，视若掌上明珠。可是幸福的日子如同昙花一现，两个女儿相继夭折，次年，27岁的王潜明因病去世，罗孝纯年纪轻轻成了寡妇。

"因为罗振玉强行将在婆家'受气'的女儿领走，造成罗、王绝交，进而'逼死'王国维"的说法，此后在坊间流传甚广，两方门生故旧也曾长期就此打"口水仗"，其间细节，孰是孰非不再赘述，不过在罗允康老人的记忆中，这位三姑奶奶有一些古怪癖好。

"三姑奶奶有'洁癖'，就干净在她的一双手上。"罗允康说，"家里有人说，她那两个女儿就是让她给'洗死'了！"据说，这个当母亲的为让孩子干净，不管天热天冷，非得给女婴洗澡，本已着凉感冒，却仍洗澡不断，结果两个孩子都染风寒夭折。

在罗允康老人的记忆中，三姑奶奶对"干净"的要求甚至有些刁钻：下人给暖水瓶灌水，她要求人家侧脸，不许面对暖水瓶呼气；一前一后一担子挑回来的两桶水，她只喝前面那桶，挑在身后那桶她不喝。如厕前，她会把手洗得干干净净，拽门把手时都用手绢垫着，怕脏了手，可是从厕所出来，她却偏偏不洗手了。

按罗家长辈的说法，三姑奶奶在婆家时与王国维的续弦相处不睦，后婆婆总是给气受。可是，三姑奶奶回到娘家后，在家人中的口碑也不太好。

"老太爷去世后，由老夫人当家，老夫人凡事爱听女儿的意见。"无事可做的三姑奶奶不断搬弄是非，挑唆老夫人对儿孙们厚此薄彼，逐渐引来侄辈的不满。日本投降前严格实行食物配给制，罗家这样的人家饭桌上

175

也开始有了粗粮。锦衣玉食惯了的三姑奶奶上桌时吃得很少，却在每天下午三点打电话点菜让馆子送上门来，而且仍旧奢侈，只吃前面篮子的，挑在身后的不吃。最让人看不过眼儿的是，她吃独食，点菜连自己的老娘都不给吃！

被"赶"出娘家，靠借钱度余生

后来，老夫人过世了，靠山倒了，侄儿们再也不想容忍这个姑姑，把她"赶"出了娘家。三姑奶奶后来搬到旅顺一个叫马茔后的地方，雇了一老一少两个佣人住在一个小院里，怪癖有增无减。她不让佣人进她的屋，也不让佣人碰她的东西，佣人只需陪她说话，给她做伴就够了。衣服脏了，她不让洗，在屋里拉根绳一件件把衣服都挂在绳上，谓之"浪一浪"。穿哪件？比一比，哪件相对干净穿哪件。罗允康老人记得她和母亲曾去探望，三姑奶奶不让她们进屋，自己搬个凳子坐在院里，和站着的亲戚们寒暄。

三姑奶奶根本不会过日子，家底当光后就靠向亲戚们借钱度日。往往是走着来，借得几块钱，出门就叫个洋车，直接拉去馆子，吃饱了去看场电影，玩够了回家，借来的钱没剩分文。

"讲起来，三姑奶奶也是个苦命人。年纪轻轻丧女丧夫，寄居娘家，像她那样在一个恪守传统礼教的家庭长大，对自己的处境最清楚，她的苦楚、空虚、惶恐和无助别人体会不到。到后来，她的心理和精神肯定都是不正常的，只是那个年代咱们也不懂这些……"罗允康叹道。

文/周媛

旅顺周家老宅

断指丹心民族魂

　　旅顺长春街23号的这栋小洋楼被当地人称为周家大院，八十年前，这条街上不仅有周家大院，还有杨家大院，前面不远处还有戏楼、茶庄……

　　周家大院在大连的老建筑中尚属于"晚辈"，但它所承载的历史却很厚重。它的背后，藏着大连民族工商业巨头周家炉的兴衰。

　　在周文富、周文贵兄弟俩先后去世之后，一个高挑的女人承继了旅顺周家的口碑，这个女人就是周家老三周文富的夫人隋玉贞。

　　隋氏夫人就在这栋小洋楼里度过了她寡居的后半生。

小楼微观：铁门难掩岁月更迭

　　旅顺长春街23号的这栋小洋楼有关的资料非常之少。在2004年公布的第二批大连市重点保护建筑名单中，这栋小楼被列入其中，短短的70余字概括了它70余年的生命轨迹："它位于旅顺口区长春街23号，建于1941年，建筑面积670平方米。该建筑是大连著名的爱国民族资本家周文富的遗孀隋玉贞旧居，现为旅顺妇联使用。"

　　时至今日，旅顺妇联早已经搬离了此楼，现在小楼墙体上写着四个金色的大字：长兴社区。

　　小楼隐藏在一圈居民楼中间。透过浓密的梧桐树荫，一栋欧式小楼摆着

周家大院如今只剩下这栋小楼和后面的一口井，隋氏夫人的后半生就在这里度过

端正的姿态，泰然地迎接着人们不断打量的目光，把一切的惊讶、激动、艳羡悉数地收入囊中。

　　小楼新近漆成了黄色，锃亮的黄对比着天空的蓝，再搭配上楼前梧桐蒲扇大小的绿叶子，给人的感觉就是格外明亮开阔。楼分为上下两层，欧式风格，外墙是那个时期典型的风格——灰水泥墙面，起脊的屋顶，高起的烟囱，白色的格子窗。二楼的中间位置凹进去一块，四根柱子顶起了房檐，似露台，似走廊。也许当年，周夫人隋玉贞会在这里小坐，听蝉鸣，听蛙叫，听树叶沙沙。

　　值得一提的是楼的正面多处装饰的莲花花纹。周文贵的曾孙周利先生曾对笔者说，他一直对这栋楼的建筑年代存疑，就是因为这满楼

1951 年，幼儿园小朋友在大铁门前的合影（潘桂卿提供）

的莲花花纹与周氏祖坟石碑底座的花纹如出一辙。

周利说："我四太爷的母亲——周家老太太吕氏夫人是个虔诚的佛教徒，所以周家的房子有很多与佛教相关的装饰，就连周氏祖坟的石碑底座上都雕刻上了唯美的莲花。而这位隋氏夫人并不信佛，她不太可能在自己的房子的正脸上装饰上这些。所以，我想这栋房子的建筑年代可能还要再往前推，应该是在吕氏夫人去世前，周家兄弟建的此楼。'始建于1941年'的说法很可能是当年房产普查时的登记日期，当然这还需要进一步考证。"

笔者见到潘桂卿女士那年她72岁，她退休前在旅顺口区房产局房改办工作，对这栋小楼有所了解。"1964年，我们家搬到了旅顺口区长春街22号，与周家大院仅一道之隔，它就在我家的东面。"潘桂卿说，在小楼的外围有几处平房，以前大多是周家的佣人居住。

周家的人搬离这栋小楼后，周家老宅成了一所幼儿园。潘阿姨家有一张保存很好的老照片，照片是潘阿姨的老伴小时候在这所幼儿园的照片，照片中的背景就是周家老宅的大铁门，"这个大铁门很有名，听说是周家炉打制的，很多年，那个大铁门一直是我对那个大院的直观印象。"

周家口碑：乐善好施为人称道

周家炉是大连民族工业的开端。1907年，周文富、周文贵两兄弟筹集了八九十块钱，打出了"周家炉"的牌号。至1911年，已经改名"顺兴铁工

1920年，周家兄弟在旅顺救济灾民

厂"的周家炉拥有了130多台机床、700余名工人。

说起周家，原本并不富裕，周文富这一辈共有兄弟六人，周文富排行第三，周文贵老四，他们出生于旅顺元宝房（今旅顺口区元宝街）。1894年，日本人在旅顺制造旅顺大屠杀时，周家七口人也险些遇难。"当时是周家老大背着周老太太，带着弟弟们，还有一些乡亲一起往外跑，躲避日本兵。"周家老大的果敢让周家幸免于难。

周家发达后，就搬到了大连居住，但是对旅顺的乡亲非常照顾。周文贵人称"周善人"，是大连、旅顺乃至东三省有名的慈善家。他平生乐善好施，见义勇为，每逢水旱之灾，无不解囊援助，所以四方受益者不可胜数，为救济贫民每年所捐钱款都在万元以上。据史料记载，从1914年至1925年间，旅大地区自然灾害严重，周文贵很是同情，先后出资10万元，从东北腹地购进高粱、玉米28车皮，运到旅顺，逐户按人口救济方家、水师营、王家店等村村民。老旅顺人都说，是"周官"救了旅顺百姓，没有"周官"，不知道旅顺得饿死多少人。

周文贵每年冬天在大连西岗开设避寒所，避寒所内建火炕，燃烧煤柴取暖，以供从山东来大连逃荒的难民居住。避寒所里还设置施粥场，有时一天供应多达一千人的食粥。1927年3月，山东难民行至金州城北三十里堡一带，夜间露宿草野，境况极其可怜。周文贵知道后，立即派人用芦席搭棚，让难民夜宿，又施粥饭，以解决他们冻饿之苦。同时他每年都捐款给大连慈善机构宏济善堂，周济那里的难民。

与同样出身旅顺的其他富豪相比，周家在旅顺、大连的口碑相当好，这不能不说明周家兄弟与人为善、兼济天下的胸怀。在周家兄弟先后离世后，周夫人隋玉贞回到了旅顺居住，一个寡居的女人就此承继了周家口碑。

民间传说：用针线笸箩里的金元宝盖起小楼

在20世纪20年代末30年代初，周家在日本殖民者的无情打压下，因为两位掌门人周文贵、周文富的相继离世，迅速地退出东北民族工商业的舞台。周文贵的长子周武福掌管了周家在抚顺的产业，离开大连去了抚顺，周家的一支就此离开大连。周文富的遗孀隋玉贞却一直留在旅顺。

说起这位周夫人，民间对她的记忆也都只是片段。笔者费了很大的劲找到了几位当年曾经与她有过间接接触的人，他们的讲述，可以还原历史的一部分。

周夫人隋玉贞与周文富并没有子女，所以1931年周文富去世后，周夫人一直独居在旅顺。

在今日旅顺口区文化街28号也有一栋老建筑，建筑年代在1901年，沙俄侵占大连时期是德泰号杂货店店员宿舍。1931年后，周夫人就住在这里，旅顺人给小楼起了一个很好听的名字：绣楼。它的隔壁就是有名的旅顺大和旅馆旧址，1931年年底，末代皇帝溥仪曾在这里秘密居住了两个月。不知道透过绣楼的窗户，当年的周夫人是否会知道，曾经的宣统帝就住在她的隔壁。

1941年，隋氏夫人搬到了长春街23号的小楼居住。潘桂卿阿姨曾经听到一些口口相传有关于周夫人的故事，说是周夫人盖小楼的钱，是她在针线筐箩里找到的金元宝。这位周夫人很是漂亮，身材高挑，"要个儿有个儿，要样儿有样儿，而且很干净。周夫人没有孩子，但有个侄小子曾经居住在周家小楼旁边的平房里。"潘阿姨听老一辈人谈论过这位独居的隋氏夫人。

从周利那里，笔者听到了更为具体的讲述。他说，家里的老人曾经提起过这位周三夫人。"她是旅顺隋家村人，做姑娘那时留着长长的大辫子，个子高挑，挺漂亮，有人叫她'隋大辫子'。后来嫁到周家，但一直未有子女。1931年，我的三太爷周文富病逝后，隋氏变得对钱很是看重。西岗区福德街的房子被她要走了一部分，但她不常住在福德街。她在绿

周文富

周文贵

旅顺周家老宅

181

山，也就是现在大连电视塔附近的一栋小别墅，她一般居住在那儿。而且她在旅顺也有住处，大和旅馆旁的绣楼就是其中之一。"

隋氏夫人孤独离世

现在没有人说得清，周夫人是什么时间搬出旅顺长春街23号这栋小楼的，但是从新中国成立后，这里就成了一所幼儿园。旅顺日俄监狱旧址博物馆副馆长周爱民就是在这所幼儿园长大的，她说："那所幼儿园曾经是旅顺最好的幼儿园。"

周夫人去世的时候，周爱民还去看过："我大概记得她去世时是个冬天，是七几年，我正好放寒假。那一天我在家，就听见外边人在喊：'地主婆去世了，地主婆去世了！'我们就跑出去看。当时是两个人把老太太抬出屋的，老太太搬出小楼后就一直住在周家大院对面角落里的平房。她的面容很清瘦，穿一身黑色的老式棉袄、棉裤。老太太去世时应该是高寿。"

隋夫人曾在这里短暂居住

这可能是隋氏夫人留给世人的最后记忆。后来这栋小楼被国家收回，一直由房产部门代管。周家后人周利先生曾经到旅顺探访过周家的旧址，而这里早已经人去楼空。有关周家在旅顺的全部记忆都在这栋小楼戛然而止。

（本文得到了周利先生、周爱民女士、潘桂卿女士的大力支持，特此感谢。）

文/杨鹏

肃亲王府旧址

定格在旧影中的家国往事

行走在太阳沟新华大街上，我找寻着一处标记为"新华大街9号"的建筑。如果不是门口处特殊结构的石阶以及石阶下竖立的一块小小的锈迹斑斑的牌子，也许就会错过旅顺这栋始建于1900年的老建筑——肃亲王善耆旧居。

在1912年2月，这里迎来了它的第三任主人——肃亲王善耆。十天之中，从北京到旅顺，善耆完成了一次痛彻心扉的转身。十天前，他仍是高高在上、位极人臣的"铁帽子王"；十天后，他却在旅顺感受爱新觉罗家族建立的统治了中国200多年的清王朝一朝坍塌的痛苦。那一刻，站在位于祖先"龙兴之地"辽东南部的旅顺，回望北京城的善耆也许痛得无法呼吸。

此后的十年，也是善耆生命中最后的十年，旅顺的这栋别墅成了"君立宪维持会"（俗称"宗社党"）复辟大清王朝的中枢，善耆散尽十代肃亲王积蓄的家业，依附于日本阴谋家们，策划了两次"满蒙独立运动"，试图恢复清王朝统治。

化装来旅顺，十年棋子人生的开端

旅顺太阳沟新华大街9号，虽然门前依然竖立着肃亲王府旧址的牌子，但早已经没了王府的样子。我的电脑里存放着一张2003年拍摄的肃亲王府旧址照片，彼时红墙白窗，被漆成黄色的四个门柱支起一方露台，拱形的窗户上方悬挂着一块牌匾，上书四个白色的大字：旺府饭店。百余年时间，它褪尽了王府的华丽，可端庄的威仪还在。

还记得2012年4月的一天，天空下着微微细雨，我来到肃亲王府旧址。拾级而上，脚下的石阶大多破损塌陷，露出了里面的红砖。走进别墅，结构已尽改，后院也是杂草丛生，一片残垣断瓦。2012年10月，我再次来到新华大街9号时，肃亲王府在取得文管部门的允许后，已经被彻底拆除，旧址上正在紧张施工，准备就地重建肃亲王府。

肃亲王善耆旧居已经列入了大连市政府公布的第一批老建筑保护名单中。2003年出版的《大连老建筑》一书中这样描述肃亲王旧居：它始建于1900年，是一座少见的简洁而朴素的俄式建筑。

这一段简短的文字，并不足以满足后人对这栋王府以及王府主人的好奇。2009年，我采访到了一位年近90岁的大连老人罗英，这位在大连居住了近半个世纪的老人是肃亲王善耆的女婿，他娶了善耆的第十三女显琮。老人手中保存有一本《肃亲王善耆传》，书是善耆的嫡长子宪章的三子连绅所著，书中记录了善耆的十四子宪立1912年到旅顺居住于这栋别墅时的一段回忆，颇能看到王府的旧貌。

肃亲王府旧址旧影

褪尽了王府的华丽，可端庄的威仪还在

1912年，民国元年，清王朝覆灭，这一年，肃亲王善耆46岁。1912年2月2日，善耆化装离京。就在此前一天，隆裕太后以及众王公们召开的御前王公会议上，善耆是唯一一个拒绝在宣统帝退位诏书上签字的亲王。善耆转身离去，带着"不恢复清室，永不进北京，坚决不向革命党人妥协"的誓言，此后真的再没有踏入过紫禁城一步。

这本《肃亲王善耆传》中提到，1912年2月2日，已经处于袁世凯监视之下的肃亲王善耆，一身华服，装作外出赴宴。他乘坐豪华马车来到京城的一处府邸，府邸中等候着的是日本参谋本部派来的高山公通大佐。在这里，善耆褪去了华服，换上了普通商贩的衣着，高山公通等日本军人都化装随行。他们在前门火车站乘坐三等车厢秘密离开了北京，出关去东北。可见善耆的离京是日本参谋本部一手策划和执行的，后来川岛浪速与日本参谋本部的电报中也已经证实了这一点。

在善耆踏上火车的那一瞬，他已经成为一枚棋子，他觉得他在利用日本人的势力复辟清室，然而谁又不明白，日本人的野心已经昭然若揭，分裂中国的企图也许从1912年的这一刻已经形成，之后的九一八事变、拥立溥仪成立伪满洲国，也许都始于这一刻。

说善耆离京赴东北的目的地一直有两种版本，一种就是旅顺，而另一种说法是善耆想要去的是沈阳，他想到那里与张作霖合作，出兵推翻袁世凯，

肃亲王府旧址

复辟清室。然而火车走到了山海关，前方的铁轨却被炸毁。

铁轨是被谁炸的也有两种说法，一种说是日本人炸的，因为他们不想见到善耆与张作霖的合作；另一种说法是张作霖炸毁的，因为张作霖害怕关内如火如荼的革命军打到东北去。善耆的子孙们更愿意相信前一种说法。

不管哪一种，历史呈现给我们的是被阻山海关前的善耆在日本人的"护送"下，经秦皇岛改乘日本军舰到达旅顺。在途中，善耆赋诗道："幽燕非故国，长啸返辽东，回马看烽火，中原落照红。"用以抒发他的亡国之恨。

在善耆离京六日后，他的妻子儿女50余口人乘坐日本军舰从天津大沽上船，由川岛浪速夫妇及部分日本浪人一路"护送"至旅顺。

王府故事

善耆到达旅顺后，日本殖民当局为了表达对善耆这枚分裂中国棋子的"善意"，把位于旅顺新市区的一栋别墅让给善耆一家居住。据史料记载，这栋别墅的第一任主人是俄国富商希尤，这栋别墅始建于1900年，在1900年至1904年间，被希尤经营成一家私人旅馆。日俄战争结束之后，此处被日本人侵占。善耆到达旅顺前，这里一直是日本关东都督府民政部长白仁武的官邸。白仁武是日本高官，在1905年至1917年间，他还有一个职务：旅顺工科大学（时称旅顺工科学堂）的首任校长。

不知道是不是日本人刻意为之，将这栋民政部长的官邸让给了曾经担任过清政府民政部尚书的善耆居住。历史总是这样，在看似不经意的节点上，早已经注定了接下来的演出。

入住这座王府时，宪立时年8岁，他在这座王府中度过了短暂的时光，就被父亲送到了日本读书。他在对这座王府的回忆中提到，它是红褐色砖筑的二层楼房，光是院子方圆就有5000坪（1坪大约合3.3平方米），房间共有28间，父亲住在二楼最宽敞的一间，已婚的哥哥们每人有一间，其余的兄弟姐妹就按同母所生，两三个人共住一间。每个房间放有两三张日本陆军用的军用床。

据宪立回忆，旅顺肃亲王府善耆的寝室里，墙壁上挂有两张照片。一不是废帝溥仪的照片，二不是父亲老肃亲王爷的照片，更不是自己的朝服照。令人意想不到的是，善耆挂的照片一张是穿着军装、挂着军刀的张作霖全身像，另一张是穿马褂的张勋半身像。相框上方贴有白纸黑字横额"因蛛结网"四个大字。在袁世凯去世后，日本内阁已经把善耆当成了一枚弃子，事实上被日本人软禁在旅顺。那些难堪的日子，善耆也许终日里对着这两张照片，一心念着的就是"复辟"二字，他把满腔的希望都寄托在两名各怀鬼胎的军阀身上，到头来也不过是一场幻梦而已。

王府的饭桌上也曾经发生过一段故事。据宪立的回忆，王府的饭厅里面排列着七八张能坐八个人的饭桌。据资料记载，善耆到达旅顺之后，平日的饮食不太讲究。善耆会吸烟，但从来不吸食鸦片，也不喝酒。一年四季均穿着蓝布褂子，遇到节日或是要行大礼，他会在蓝布褂子外面加一个布坎肩，辫子始终留着。1913年2月，在善耆到达旅顺的一年后，隆裕太后病逝，善耆听到消息后，率领子女们向西叩拜致哀，痛哭不已。

那时，善耆主导的第一次"满蒙独立运动"刚刚失败，又逢隆裕太后去世。复辟无望的善耆经常会在饭桌上对子女训话："宗庙既亡，未来命运难卜，而如今家人团聚，未见离散，得全性命，深值庆幸……然当年光武起兵之初，几经危难，芜蒌亭豆粥，滹沱河麦饭，卒能兴复汉室完成大业，尔等各守其分，勿辞劳苦。"

此时的善耆，已经47岁，细细品味他的这番话，苍凉中透露着近半百老人希望家人平安静好的私心，又有着对于自己不能复辟的灰心，还有着一份期盼，他想把自己未能完成的使命捆绑在儿女的命运之车上，"子子孙孙打下去"，所以才有了"各守其分，勿辞劳苦"的训话。

旅顺的这座王府，其实是善耆一生中居住的第三座王府。第一座肃亲王府位于北京东交民巷，玉河桥东畔，建成于康熙年间，毁于庚子之乱。1866年，善耆出生在这里。庚子之乱后，善耆回京担任崇文门正监督，这个官职相当于现在的北京市税务总局局长。崇文门正监督负责征收出入京城的各种货税，可算是一个人人争破头都想得到的肥缺，这也是慈禧有意想补偿善耆在庚子之乱中所受的损失。

王府尽毁，200多年的肃亲王府在庚子之乱中永远地消失了，善耆全家搬去了北新桥南船板胡同的新家，这里也被称为"北新桥肃亲王府"。

船板胡同的房子原是荣禄的房产，有房200余间。1901年，荣禄将此宅送给了善耆。善耆对部分房屋进行了改建，在后院修起了二层楼，安装了发电设备，并建造了法式客厅，顶棚悬挂着漂亮的吊灯，院内还设有喷水池，

肃亲王府旧址

并搭建了戏台。善耆就在这座中西合璧的府第内度过了他在北京的最后几年。1922年，善耆死后，他的儿女流离各地，其中一部分留学日本，一部分留在旅顺，一部分生活在长春，服务于伪满洲国，还有极少的几个人回到了这座王府居住。

从北京的东交民巷到船板胡同，再到旅顺的太阳沟，善耆每一次搬家都伴随着切肤之痛，也许生在皇族宗室，在享受荣耀与供奉的同时，也意味着牺牲和舍弃。

善耆其人

今天我们能够找到的善耆从青年到老年各个年代的照片，最著名的就是那张与川岛浪速的合影。一方屏风的前面端坐着两个身着清朝朝服的人，右边的是善耆，两人中间的小桌上还摆着一盆水仙花。这张照片据说是善耆在担任清政府民政部尚书时期拍摄的。当时的善耆已经年过不惑，宽宽的额头，单眼皮，高高的鼻梁，厚厚的嘴唇，蓄着胡须，端正威严，自有一派王者风范。从善耆青年时的站立照片来看，善耆的身材并不高大。

善耆出生在同治五年（1866年），一生历经同治、光绪、宣统三朝。他字艾堂，号偶遂堂主，在逃亡旅顺时还用过"金晏怡"的名字。善耆在晚清的诸位宗室王爷中颇有作为，以勤勉有为、见识广泛而闻名。他在20岁时就被封为二等镇国将军，并担任了光绪皇帝的御前侍卫，32岁时袭肃亲王爵，成为第十代也是最后一代肃亲王。

善耆是标准的"帝党"，他对光绪可谓忠心耿耿，因而备受慈禧冷落。在庚子之乱前，善耆在政治上也就是一个无权的宗室子弟，一个御前侍卫而已。

庚子之乱，八国联军入北京前夕，因父丧在家丁忧的善耆听说慈禧太后和光绪皇帝放弃北京逃往西安时，仅带了一名随从连夜追赶。他一心只想追回光绪帝劝其回家主政，就连王府毁于炮火、家人无处安身都不管不顾了。虽然追上了光绪皇帝的队伍，但是慈禧坚决不同意光绪回京。善耆也就一路护驾西行。行至宣化城外，被河流挡住去路，轿子过不去，光绪皇帝急得与善耆抱头大哭。情急之下，善耆便亲自背着光绪蹚过河去。不久到了大同，慈禧太后命善耆回京善后。善耆回京后，看到尽毁的王府，京中的复杂局势，大病了一场，据说病得连指甲都全部脱落了。为此，善耆搬到了门头沟养病，在不远处的山地上修了一处亭子，取名为"偶遂亭"，落魄中的善耆以此为号，自号偶遂堂主。

在后来蛰居旅顺的日子里，失意的善耆也将精力用于诗词。他的妹夫后来将他一生的诗词结成集，出版了一本《偶遂堂诗集》。

善耆担任民政部尚书时的照片

庚子之乱后，善耆逐渐在清朝的政治舞台上崭露头角，他明显亲日，很佩服明治天皇，也想通过维新改革让清政府走上一条自强之路。1901年庚子之乱后的北京，民生凋敝，担任崇文门正监督一职的善耆依然想方设法收上60万税银。后来担任民政部尚书，他也曾致力于新政的推行，比如开展全国人口普查工作、开展卫生防疫、设立戒烟局、爱护京剧、允许女人到戏院里看戏等。

值得一提的是，善耆这个人从小好学，精通满、蒙文字，还研究女真文，其诗文受教于伯父盛昱。他还写得一手好字，据说居于各王之首。

不仅如此，善耆还爱好京剧，京城的两座王府皆搭有戏台，自己的府上还养着戏班子。清末王公贵族中，喜好京剧者不乏其人，善耆就是其中的佼佼者。善耆的嗓音不好，但是好唱戏，他不仅工须生，还擅演武生，其武功之勇可以与外号为"杨猴子"的杨月楼相媲美。

善耆先唱"八角鼓"，然后唱小戏，先在屋里唱，后来就搭起了戏台。善耆府里的戏班子是在"红豆馆主"薄侗的帮助下组建的，据说晚清只有醇王和肃王两府才有自己的戏班子。

京剧名家丁永利曾经有一段回忆："当年的肃王府几乎天天唱戏，府里唱的戏有两出外面都没有唱过，一出戏是《吴三桂请清兵》，戏中有多尔衮的一段满文唱词，肖长华还带着徒弟到府里学过这段戏文；另一出戏是《郑成功收复台湾》，善耆亲自扮演郑成功，他的儿子宪均等扮其他角色，演出时还特意照了一张剧照留念。"

善耆的武生戏演得好，世人有过评价："其演水帘洞诸剧，可衡杨月楼。"当年常去肃亲王府演出的名角除了肖长华，还有谭鑫培、杨小楼、钱

肃亲王府旧址

金福、梅兰芳、丁永利等。善耆的十四子宪立当年在日本，梅兰芳先生访日演出时见到宪立，梅先生还记得他。宪立担任电视直播的日文解说，为传播京剧起到了良好的作用。

散尽家财

蛰居旅顺王府期间，善耆一直为复辟清朝而努力，以其为首的宗社党人在川岛浪速的帮助下，迅速成立了"满蒙独立义勇军政府"，组织武装力量，以反对袁世凯统治，挽救清王朝的灭亡。

曾任旅顺日俄监狱旧址博物馆副馆长的王珍仁多年研究"满蒙独立运动"。他曾经撰文详细讲述了善耆在旅顺运作复辟活动的轨迹。他向笔者提供了很多有帮助的史料。

1912年5月，在日本军部直接操纵下，宗社党人展开了第一次"满蒙独立运动"。但是由于张作霖表示支持共和，并接连破获宗社党人的秘密机关，甚至截获、焚毁了宗社党人的军火运输队伍，宗社党人受到严重打击，龟缩回旅顺。而且这时候的日本政府对于如何侵略中国的问题，内部意见分歧，政府认为革命军将建立新的国家，有必要与之亲善协和，而且对"满蒙独立"持有强烈不满态度。因此日本内阁改变方针，不再支持"满蒙独立运动"。川岛浪速不得已服从日本内阁方针，但向日本政府提出了给肃亲王居住旅顺的生活保障。于是第一次"满蒙独立运动"失败。

1915年夏，袁世凯复辟帝制的活动进入高潮，而南方各省反对袁世凯的斗争也渐渐形成山雨欲来之势，中国局势一片混乱，几近于崩溃分裂局面。此时的日本政府采取了"多面倒袁"方针，即一方面支援南方的"倒袁派"，另一方面则积极谋划趁乱割据满蒙地区，将其纳入自己的控制之下。因此，日本政府开始默认"民间人士"支持"满蒙独立运动"。根据日本政府的方针，川岛浪速与肃亲王等宗社党人的"满蒙独立运动"再次活跃起来。

当时，以肃亲王善耆和川岛浪速为首的宗社党人，已经在东北地区网罗了2000多人组成的"勤王军"队伍，化装成民工隐匿于大连。同时，川岛浪速还与蒙古匪首巴布扎布取得联系，双方联合，伺机共同举事，实现"满蒙独立"。善耆以在东北地区的林产矿产为抵押，日本财阀大仓组为其提供了

100万元贷款作为经费，三菱财阀也曾多次资助川岛浪速。

然而肃亲王善耆和川岛浪速的第二次"满蒙独立运动"依然不顺，先是因为日本外务省派驻中国东北的领事机关和驻军的反对而拖延，后因袁世凯的猝死而被迫中止。当时善耆及川岛浪速将举事定于6月10日至15日之间。宗社党土匪队伍集结于大连、貔子窝（今皮口）、安东（今丹东）一线整装待发，不料袁世凯此时暴毙，日本政府再次改变方针，采取支持大总统黎元洪和南方革命军队合作的策略，于是，宗社党的起事再次被中止。而与之联合的巴布扎布队伍在得到日本军方补偿后撤退时，被张作霖队伍攻击，巴布扎布被打死。由此，第二次"满蒙独立运动"再告失败。

两次失败，使肃亲王善耆受到严重打击，不仅家财散尽，而且也成了日本殖民者的一枚弃子，从1915年的这次失败到1922年这七年中，善耆一直被他的日本主子幽禁在旅顺，终日里无所事事。他把他的孩子们一个个送到了日本，男孩子不是学医就是读军官学校，无力再战的善耆也只能对着墙壁上的照片发呆，也许愁闷时还会唱上一句"先帝在白帝城……"

1922年，在旅顺居住了十年的善耆病死在肃亲王府中。善耆死于糖尿病引起的肾衰竭，时年56岁。他死后，溥仪以宣统帝的身份给了善耆一个一等谥号——忠，并发给了他的家人2000元丧仪费。这个末代王爷的一生就此画上了句号。

然而有关肃亲王府的故事还没有终结。他死后的第五年，他钟爱的十四格格从这里出嫁；他死后的第十年，溥仪从这座王府去了长春，开始了13年的傀儡皇帝生涯。

王府的格格们

2009年年初，笔者曾在大连的一家养老院里采访了肃亲王十三格格显琮的丈夫罗英，和他聊起了一段段往事。

善耆是"铁帽子王"，依据清朝祖制，这个级别的王爷，可以有一个正妃，也就是嫡福晋，四个侧妃。善耆的正妃出自赫舍里氏，与康熙皇帝的第一个皇后出自同一姓氏。善耆的四个侧妃分别为程佳氏、佟佳氏、姜佳氏、张佳氏。除此之外，善耆还有两个如夫人。善耆一脉可谓子女众多，一共38个，其中有21个儿子、17个女儿。

笔者查阅了史料，赴旅顺时，除两女遣嫁及夭折者外，随行的一共19个儿子，其时，年幼者不满3岁。后来闻名东北亚的女间谍川岛芳子，也就是善耆的十四格格，随生母第四侧福晋张佳氏一起来到了旅顺，年仅6岁。

笔者翻阅了大量的史料，想要一睹王府福晋和格格们的芳容。但除了川岛芳子和十七格格显琦有照片外，其他人很难觅得真容，唯有《大连近百年风云图录》里收录了一张旅顺肃亲王府里身着统一和服的贝勒、格格们的合影旧照，但那也只是儿时的不甚清晰的照片。

川岛芳子6岁照

善耆长子宪章的儿子连绅所著的《肃亲王善耆传》一书中收录了一张善耆嫡福晋赫舍里氏身着亲王王妃朝服对镜凝视的照片。照片中，福晋赫舍里氏侧身对着一面等身的镜子，似乎正在检视自己的妆容与服饰。穿衣镜很是豪华，有立座，镜面镶嵌在精致的木雕边框之中，地面上铺着团花的地毯。镜中映出了福晋的容貌，年轻端庄，轮廓难脱满族女儿的特点，光洁的额头展露出来，圆脸、细眉、樱唇。这个嫡福晋为善耆生育了三子二女，长子宪章、次子宪德、八子宪真和大格格、二格格都出自这个嫡福晋。

肃亲王府的众多格格中在后世最有名的要数十四格格川岛芳子——亚洲臭名昭著的女间谍。其实，川岛芳子在当格格时还有一个很好听的名字，叫显玗，"玗"是善耆根据满语中"十四"的谐音而自创的汉字，意为"似玉的美石"。善耆还给她起了一个字叫"东珍"，意为东方的珍宝，可见对她的珍爱。

川岛芳子生母张佳氏

十四格格的生母是第四侧福晋张佳氏，这个侧福晋颇得肃亲王的喜爱，性格挺好强的，老是盘腿看书。她一共为肃亲王诞育了十个孩子，除一子夭折外，其他九个孩子都顺利长大成人。这九个孩子中六子三女，十四格格是张佳氏的长女，十六格格显琉与十七格格显琦都是在旅顺肃亲王府出生的。

十四格格与旅顺的肃亲王府可谓缘浅，在举家迁往旅顺王府不久，她就被父亲善耆送给好友日本浪人川岛浪速当养女，东渡日本时，十四格格还是个6岁的小女孩。离开父母的庇佑，离开祖国，她一生中无忧的日子也终结在旅顺的肃亲王府。

十四格格在被送到日本进入川岛家后，担起了"匡复清室"的重任。6岁的她还是一张白纸，川岛浪速在这张白纸上涂写了武士道精神、军国主义思想，种种残忍暴力、专制思想侵蚀着芳子年幼的神经。仅仅几年，这个在大清皇家礼仪的浸润中长大的格格就开始变得蛮横无理，泼辣放肆。她在日本所受的教育，造就了她畸形的性格和扭曲的信念，使她甘愿为了日本侵略中国充当间谍。

除了6岁时那次人生转折，川岛芳子与旅顺这座王府有过三次"亲密接触"，都被历史记载了下来。

肃亲王嫡福晋

川岛芳子男装

第一次发生在1922年，她在日本接到父亲病危的消息急忙赶回国，却赶不及看父亲最后一眼。她的生母是在父亲去世之前死的，相隔不足一个月，听说这个侧福晋是侍候善耆累死的。川岛芳子留在旅顺和哥哥姐姐们办理父亲的丧事。据旅顺上了年纪的老人们回忆，善耆的葬礼办得格外隆重，灵柩是64人抬的，从旅顺一路抬到大连，足足走了一天，后面跟着张佳氏的小灵

十七格格显琦（金默玉）

枢，纸钱一类的东西都被买空了。灵柩从大连用火车途经沈阳运到了北京，清朝的遗老遗少都前来祭拜。

川岛芳子在北京待了半年，就又回到了日本。

再一次回到旅顺这座王府是在1927年11月，川岛芳子从这里出嫁。那一年，她21岁，她要嫁的人是蒙古匪首巴布扎布的次子、日本陆军士官学校毕业的甘珠尔扎布。她的这次婚姻充满阴谋。

这次回旅顺王府结婚，川岛芳子的小妹十七格格显琦也是第一次对这个姐姐有了完整的印象。笔者查阅了显琦的回忆文章，她曾经提道："在我母亲生的三个女儿里，川岛芳子最漂亮，性格外向，挺开朗的。我见到她时，她一直梳男头，穿男装。听说她18岁后就不怎么穿女装，我有时也用日语喊她兄长。她也不怎么化妆。她年轻又漂亮，也用不着化妆。她结婚那天挺热闹的，平时她总爱穿男人的衣服，但那一天她自己弄了身婚纱，挺漂亮的。"

致力于复辟清王室的川岛芳子并不甘于当家庭主妇，她认定软弱无能的丈夫不能帮自己成就大事，于是亲自替丈夫选了继室，并亲临丈夫的第二次婚礼。不久她就从旅顺搬到了大连，不到一年，又离开了大连，从此摆脱家庭的羁绊，投身谍海，开始了以自己的肉体和青春为赌注的间谍生涯。

第三次回旅顺也是因为一件大事。1931年，日本人命令川岛芳子将溥仪的皇后婉容从天津带到大连。川岛芳子演了一出偷梁换柱的戏码，将婉容带到大连，安置在桃源街的别墅里。

那之后的十多年时间，川岛芳子化名金璧辉，周旋在各色人中，窃取机密，策划阴谋。1948年3月25日，这个男装女谍终以汉奸罪被枪毙于北京。

三格格：终身未嫁 在旅顺创办女子学校

肃亲王善耆的三女儿显珊在王府的17个女儿中也是与众不同的一个。显珊一生未嫁，在父亲死后，她一介女子，担起了王府的大小事宜，带着十六格格和十七格格俩妹妹守候在王府中。1936年，显珊还在旅顺开了一所女子学校——康德女塾，从事教育事业。

显珊的身世也与众不同，她的母亲原来是嫡福晋赫舍里氏的侍女，生下显珊后就去世了，于是嫡福晋就让第一侧福晋收养了她。这个侧福晋是个不幸的女人，她所生的三子三女，有四个孩子都夭折了，后来长大的两个儿子也不长寿，活得最久的宪奎，就是金壁东，在44岁时也去世了。

显珊颇有她姑姑善坤的风范。她的这个姑姑善坤，在光绪十三年（1887年）嫁给了蒙古王爷贡桑诺尔布。善坤骄纵异常，根本不把丈夫放在眼里，她思想比较开化，不受封建礼教束缚，经常策马扬鞭在草原上驰骋。骄纵的王妃也干了些正事，1903年，她协助丈夫办起了毓正女学堂，以使旗中女子接受教育。她亲自主持学堂事务，还请了日本女教师河原操子给女学生们上日文课。这个河原操子是川岛浪速安插在贡桑诺尔布身边的女间谍。后来，清政府倒台后，善坤又在北京香山静宜园一带办起了静宜女子学校，这所女校在热河都统熊希龄的大力援助下很快发展了起来。

姑姑办学成功可能也是促使显珊办女子学堂的原因。可是，因为显珊的亲日背景，旅顺这所女塾在创办不久后被日本人控制了起来，他们派来日本的教学总监和老师，对这里的学生实行奴化教育。

罗英老人曾极力地回忆与这个妻姐的几次见面。他说，显珊一生未嫁，大连解放后，旅顺的肃亲王府被苏军接收了，此时，曾经与她相依为命的两个妹妹早已经去了长春上学，后来又去了日本留学，显珊就回到了北京居住。她有很多的钱，在北京，她不回船板胡同的肃亲王府居住，而是一个人住在教堂里，一直住到去世，孤孤单单地离开了人世。

1932 年年初，溥仪和婉容在肃亲王府

肃亲王府旧址

文/杨鹏

195

金州博物馆

东北第一个县级博物馆

  位于金州区向应广场旁的金州博物馆老馆是目前金州古城内的历史建筑之一，始建于1928年的日本殖民统治时期，曾是殖民者的行政机构，历经近百年沧桑，在不同时代呈现不同的面貌。

  近百岁的金州博物馆老馆建筑，见证过日本殖民者的侵略奴役，也亲历过新的联合政权的成立；曾与优秀的当地劳动者共享欢乐时光，也曾存留国宝级文物，昭示遥远的乡土文明。

昔日的金州会事务所

  金州博物馆最早是金州会事务所办公地，建筑面积600平方米，是一栋西洋和日本风格相融合的建筑，共两层，建筑材料是红砖和水泥，门窗框均由楠木、柳木做成，屋内楼梯、地板全都是木质的。

  金州博物馆研究员徐建华告诉笔者，所谓的金州会事务所隶属于金州民政署，是金州地区14个事务所之一，算是日本殖民统治的基层政权，管辖户籍、税收、农业和土地等行政事务。金州会事务所设中国会长一名，但是在太平洋战争爆发后，面对殖民政权不稳的局面，又急慌慌增设一名日本人当副会长，掌握实权。1945年，驾着坦克的苏联红军进了金州城，在苏军的参与下，于当年12月16日成立了金县民主联合政府，办公地就设在原金州会事务所，曹世科被各界推举为金县第一任县长。

金州老一辈人都知道曹世科，不久前，大连市还将他列入大连乡贤名录。著名作家徐铎是地道的金州人，对金州的历史十分了解。他说曹县长为金州做了许多好事：创办了金县图书馆，成立了益友社。金州的妇女最不应该忘记曹世科，正是他致力放足，用了四年时间，让金州妇女的脚得到了"解放"。在日本殖民统治时期，日本人想强迫金州人改姓日本姓氏，曹世科等代表各界坚决反对，没有让日本人阴谋得逞，彰显中国人的骨气。

曾担任金州博物馆馆长一职多年的王明成老人对笔者说，新中国成立后，许多大型群众性庆祝活动都会在县政府门前举行，这其中就有1948年旅大地委号召的大生产运动，多位金州人获得劳动模范称号，当时就在县政府门前为他们举行了盛大的表彰仪式，每位劳动模范的奖励是一头耕牛。

一张小纸片：郭沫若题写馆名

金州博物馆应运而生在国内大兴博物馆的年代，王明成说，金州博物馆刚成立时就是在金县县政府旁边的瓦房里，直到20世纪70年代末才迁入曾经的县政府办公地，亮亮堂堂地挂出郭沫若先生题写的大匾：金县博物馆。王明成老人说，成立于1958年的金县博物馆是东北地区第一个县级博物馆，1962年，县里写信给郭沫若先生求写馆名，不久，时任中国科学院院长的郭沫若就随信寄回了题字。"那幅字还真不大，也就是一般信纸的四分之一大小，现在可是镇馆之宝了。"

1987年，金县更名为金州区，金县博物馆的老名当然也要更新，馆里的专家便从郭沫若诸多遗墨中选定了一个"州"字，把"金县博物馆"改成"金州博物馆"，以"州"换"县"，如今看起来，字形统一，浑然一体。

前朝记忆：大清铁炮

从金州博物馆老馆照片到今天的新馆，主馆门前的两尊铁炮早已经成了金州人对金州博物馆最鲜活的记忆，从小小的金州城也能窥见清廷衰落、外敌入侵、甲午风云、日俄相争诸多近现代的时局骤变。两尊铸铁大炮下面的

金州博物馆

铭牌上写着：金州城防铁炮，清道光二十一年。挺拔的炮身，黑森森的炮口，诉说的是一段不堪的历史。

1840年岁末，被鸦片战争弄得身心疲惫的清道光帝，又被一纸奏折扰得不安宁，奏折来自盛京将军耆英。耆英在奏折中说，英国军舰驶近奉天洋面，在山海关、秦皇岛等处游弋，请于地理位置非常重要的旅顺口、锦州、山海关设防，添铸火炮。

海疆如此重要，海防又如此不堪，于是，清道光帝下令造炮，命人采办铁料130吨，为铸造炮位、炮子之用，而且还饬令内务府造办处炮匠赴盛京听候调用。

数月之后，大炮铸造完工。清道光帝下旨，盛京新铸炮吨位凡是在二千五百斤、三千斤、四千斤、五千斤、八千斤者，皆命名巩定将军炮；吨位在一千斤、一千五百斤的大炮，命名为振武炮。之后，耆英分析了盛京所辖39处大小海口，认为多"水浅滩薄，大船断难进口"，不必处处安置大炮。经过一番筛选，耆英发现只有"金州所属海口"和"复州所属"，无论大小船只皆可逼近口岸，因此决定将这些大炮运往金州及复州所属海口。就这样，数门巩定将军炮就落户金州城。

王明成说，这些大炮都是前装炮，从前面炮口装填弹丸，从后面点火发射，形体笨重，而且发射速度慢，命中率也低得可怜，只能用于防御，所以从一开始清军装备就落后于敌人。"这些炮也就起了个壮胆作用，在后来的甲午战争中，面对日军攻城，根本没发挥作用。"从军中利器，历经数十年，如今成了馆藏陈列，铁炮刷了个历史存在感。"那时的铸炮工艺还是十分先进的，后来，有一些博物馆用现代技术仿造了几门类似的铁炮，放在外面，

主馆门前的铁炮

经过风吹雨打后，炮身全生了铁锈，再看看咱们馆前的两尊炮，露天存放，啥事没有。"王明成说。

了不起的素质：民间的文物保护意识

金州博物馆老馆原本是办公场所，后来成为博物馆，用作文物陈列，略显局促，然而就在这不大的博物馆里竟存有 6000 多件珍贵文物，其中不乏国宝级文物。也有相当多文物的"面世"赖于民间人士的慧眼。

徐建华说，20 世纪 60 年代的"农业学大寨"运动中，大魏家的农民在挖树坑时挖出一把碧玉斧，当时的村干部很负责，说这个东西很少见，还是拿到博物馆看一看吧。在金州博物馆文物专家的眼里，这柄碧玉斧的玉质不是本地玉，做工考究，认定这是属于青铜器时代的礼器，也就是中国古代贵族用于祭祀、朝聘、宴飨、丧葬等礼仪活动的器物，而且金州地区并没有出产过这种玉，那么就可能是通过原始部落间物与物交换得来的。

徐建华说，如果普通百姓没有良好的文物保护意识，这些国宝可能就此

金州博物馆

在周围高大新式的建筑群里越发显得不起眼

湮没了。让他记忆深刻的一件事是 20 世纪 90 年代初，一天中午，一位进城逛街在博物馆落脚打尖的渔民对徐建华说，他们最近从海里捞上来一些东西，问博物馆要不要，"我骑上自行车就到了海边渔民家里，他从破网袋里拿出一件东西，我一看是元代龙泉窑高足杯，另一件元代印花碗成了这家人喝酒的大海碗，这家人很仗义，把这些海事遗物全部上交了国家。"

老馆长王明成也给文物保护意识强的金州民众点赞，"1997 年的时候，有一天，城内小学正在施工，工人们挖出了一块有字的石碑，几个小学生背着书包来到博物馆汇报情况，我们过去一看，这是日本俳句大师正冈子规书写勒刻的俳句碑，记载的是当时的一次俳友会盛况。"徐建华介绍说："正冈子规是日本爱媛县人，是俳句大师，论当时他在日本的地位相当于中国的鲁迅先生。1895 年，他很不情愿地作为随军记者来到中国，这块俳句碑是他在中国境内留下的唯一石碑。"

然而百密一疏，王明成老人说，有一次金州某地发现了一批日本军刀，当时有人提出这是管制刀具，应该上交公安局，博物馆不应该收取，后来这批军刀不知所终，成了王明成心里一个小遗憾。正是因为诸多缘故，金州博物馆在中日民间交往中扮演了一个重要角色。

最新城建中的幸存者

如今的金州博物馆老馆二层楼的体量在周围高大新式的建筑群里越发显得不起眼，它曾经的左邻右舍——金州文化馆和金州工人俱乐部，这两个比它稍晚建成的标志性建筑在几年前相继拆掉，让位于新一轮城市建设。金州博物馆的命运也曾在是拆是留的争论中飘摇不定，终于在 2002 年 3 月，金州会事务所旧址，也就是金州博物馆老馆被大连市政府认定为第一批重点保护建筑，这使这座金州唯一的老建筑得以保存下来。

徐建华曾在老馆里工作了十几年，感受最多。他说老馆多少年来外观没什么变化，只是门厅稍有改动。因为原来是办公用的，房间较小，后来用作博物馆，就打掉了壁子，开辟空间陈列文物。"地板全是红松的，漆工很好，越擦越亮，用砖是西南窑炼制的红砖，质量很好。这座曾经的日本官厅式建筑冬暖夏凉，在里面办公让人觉得挺舒服。但是因为年久失修，后来人走在地板上，吱呀颤悠，真担心地板断了人掉下去。"

老馆长王明成在老馆里还真经历了一次险情。"20 世纪 90 年代，有一天，我负责接待一批日本客人参观，在走过缓步台时，我看见顶棚有灰皮掉下来，我赶紧告诉我方陪同人员组织客人尽快离开。客人走后，我拿了一根竹竿朝上轻轻一捅，轰隆一声，顶棚上连泥带灰掉下了 3 平方米，好悬呀。"

老金州人都知道，老式的日本房子以木质结构为主，时间长了就容易招老鼠。徐建华说，老馆里确实有老鼠，但未成鼠患，原因可能是后院里有两条大花蛇，大的长约 2 米，两条蛇经常在后院的过道上晒太阳，"我经过时，就从它们身上跨过去，有的同事胆小不敢跨，就用棍子把蛇从地面挑起来放到旁边的花坛里，再走过去。"再后来，不知是谁打死了一条蛇，另一条就很快不见踪影了，从这时开始，老鼠又多了。

2007 年，金州博物馆老馆终于完成了它的博物馆使命，文物搬迁到位于永安大街上更大更现代化的新馆中，老馆被转租给一家药房。现在它早已经不是当年的红砖楼的本来颜色了，变成了亮艳的黄色。

药店的一位工作人员说，当年药店开业装修时，也没有对大框架进行改动，老物件也没有留下来，说着他忽然想起来："还有一个老物件在楼上。"走出后门，顺着他手指的方向看去，二楼一角是一座四联装的扩音器，锈迹

金州博物馆

201

斑斑，"每到拉防空警报时，它还能响，好用。"

正门楼顶上面还有大大的数字：1928。

我的记忆

脚踩过生锈的大铁牛，伸手掏过铁炮的炮口，心怀忐忑地走过木乃伊的展室，30年前的金州博物馆在我们眼里是中午放学时常去的玩点儿，因为那座二层小楼离我念书的学校太近，说实话当时也没有过分看重它，人到中年，才觉得家乡的可爱。

"郭沫若的字，门口的炮，还有一头大铁牛"，这是金州人对金州博物馆最粗略的印象。在中学念书的时候，不知道那个"X"形的大铁牛到底是船家压船的物件，还是辟邪化吉的神器。印象深刻的是甲午战争时，金州守将徐邦道头戴顶戴花翎、手提短铳的人物油画，画中透出铁血刚毅。

总以为当年的木乃伊是金州博物馆的馆藏，后来才知道，那是从旅顺博物馆借来的；总以为徐邦道指挥的土城子大捷毙敌无数，其实不过杀敌11人……

人的年龄增加了，历史的真相慢慢地变得清晰了。徐邦道后来失旅顺，战海城，虽屡屡败战，终病死在军营，却也不失武将名节，让金州后人尊敬；除了铁炮、铁牛，金州博物馆6000多件文物收藏，令人赞叹。王明成说，金州出土的文物全保存在金州博物馆，"我们自己完全有能力收藏、保护和研究自己的文物。"

生锈了的大铁牛

20世纪90年代，时任馆长的张本义牵头，实地测量，根据日本人当年留下的航空照片精心制作了金州城沙盘，徐建华说，放大200倍就是20世纪20年代的金州城。时至今

202

日，还有很多老人来到新馆一楼的沙盘前，去找自己老家的所在地，东门外，还是南街里？谁知道？不大的金州城能拥有一个金州博物馆，是一件了不起的幸事。

文／刘爱军

金州城沙盘

阎氏老宅

投影辽南的中国近代史

从大连市内出发，走高速到金州新区，用不了半个小时。现代交通工具把人与城压缩得只剩下时间，而不是空间。

新区里，路两侧，高大的行道树在晨光里闪着耀眼的新绿；人影间，风过处，树叶附和着车流喧嚣沙沙作响。道边大商场里，穿应季时装的仿真模特，瞪着大眼睛审视橱窗外来来往往的行人——脱胎于千年古城的金州，正大步向主城区的身份迈进，不断跃入眼帘的新建住宅小区，用弧形飘窗、理石造面表白着这里与现代都市并轨的热望。

始建于金代，因此得名金州的古城的背影正渐行渐远，大多数时候，人们仅能从路牌上指示的"古城乙区""古城丙区"揣度这里曾经的格局。

建于清道光（1821—1850）年间、曾经占地2000多平方米、极具北方四合院风格的清朝官宅式建筑——阎福升故居就在人声渐隐的街巷深处。

探访老宅：昔日官宅私邸 今时百姓人家

寻访清朝最后一任金州副都统阎福升的故居并不太难，因为尚有一座20世纪90年代推倒后仿建的副都统衙门，俗称"老衙门"，可做地标。

几乎没费太多周折，在拥政街和建民街交叉处，笔者找到了一排砖木混合、鱼鳞瓦屋顶的老房子，距此数十米开外，立着一块齐腰高的石碑，

阎氏老宅现在只留下七间瓦房

上书"市级文物保护单位 阎福升故居 大连市人民政府 一九八五年七月十一日"。

多年前，笔者也曾专程赴此采访，当时这里还是一所小学，当地文管部门正在为保留这处承载了一代爱国将领悲壮晚年的百年老宅奔走呼吁。当时那块石碑就立在一间用作教室的门房外，门房现在已无踪影。2000年时，旧城区改造，寄居于此的小学迁走了，老宅仅被留下眼前这七间正房。

房子四周用铁栏杆圈起了一个小院，据说，这里现在是某单位的活动室。小院周围，依稀可辨的昔日宅院所在地，现在是一个街心公园。白驹过隙，这里已不是那位曾统领一方兵马，又被沙俄掳掠的朝廷二品命官的私邸。

几乎没有人注意到，稍远处一棵大树下，几块硕大的青石板在泥土中半掩半露，石板上，车辙隐约可见。金州博物馆的张绍斌介绍说，这是阎氏老宅旧址的甬道石，前两年有施工队在此铺暖气管，将石板挖出，文博部门力主将其留在原处——"这里应该是老宅再早时的大门口了！"张馆长估摸说。

"阎半城、曹半坡，划拉一块儿没老夏家一半多。"当年，金州城老百姓用这句顺口溜描述当地三个大户人家的气派，"阎半城"说的就是阎家的富足。

阎氏老宅

205

一份阎福升旧居简介记载，阎氏故居位于原金州城区阎家弄。故居原占地2000余平方米，三进院落，共有房屋70余间，以二进院门为中轴线，正厅、前厅、侧厅、厢房、门房等建筑物左右对称分布，四合院外有仓库等房屋围成的外院。1947年，旧居部分被改造，辟为金州三八小学。

文博人员介绍，阎氏故居既是颇具辽南地区民间风格的建筑物，又堪称当时官员私邸的典范。不过，老宅的旧貌，现在只能凭借文字描述任由个人去想象了。

笔者翻出多年前采写见报的相关稿件，文中这样描述："记者看到，

斑驳的檐柱

以菱形窗棂做装饰的窗户

大影壁后的阎家大院前后三进，在第二进前厅下，六根朱红檐柱显出昔日气派。院内皂角、紫藤、雌雄同株的银杏已有百年树龄，树荫蔽日……"

现存的七间正房青砖灰瓦、砖木结构。南墙齐腰以上一面皆窗，以若干立柱分割。窗户很高，分上下两部分，下部封闭，上部可以上下翻翘推开，以菱形窗棂做装饰。窗棂远观，尘封已久。当年，每到年节，房子的主人想必都会用上好的窗纸、窗纱将它糊裱一新。

老屋房顶是北方民居典型的硬山式，即五脊二坡，房顶两侧与山墙齐平。这种房顶区别于南方民居房顶两侧探出山墙的悬山式。据说，悬山式适应南方多雨天气，而硬山式则更利于防风防火等。

老屋的灰瓦在浓荫遮蔽下若隐若现，瓦当上的花纹历尽风雨剥蚀，依稀可见。屋脊朴素无华，没有任何脊兽、仙人做装饰。

如果不是看到阎氏后人一篇回忆童年在老宅生活的文章，很难相信，老宅曾经配备过西式白瓷抽水马桶。

命运多舛：奉命危难之际　壮志未酬身先死

史料记载，阎福升原名培元，字锡三，祖籍山西太原。清康熙年间，阎家迁入金州，其父阎邦鼎，官至户部郎中，位居五品，隶属汉军镶黄旗。

阎福升生于1840年，50岁那年被朝廷任命为金州驻防八旗佐领。甲午战争爆发后，在金州城保卫战中，阎福升身先士卒，脚部中弹，被士兵救下。甲午战争后，为解决军粮不足的问题，他动用家资充当军饷，并筹资修补了被日军炸毁的城墙。1896年，朝廷任命他为护理金州副都统。

资料显示，清代各地的驻防八旗的长官称都统，在不设驻防将军之处，都统即为该地区行政长官；在设有驻防将军之处，一般设有专城副都统，受将军节制，副都统作为武职外官，地位相当于总兵，正二品，在清朝官员等级中位列第三阶。

清朝末期，金州有大小衙门15座，以副都统衙门历史最久，规模最大，影响最深。

清道光二十三年（1843年），为加强辽南地区防务，熊岳副都统衙门移驻金州，是为金州副都统衙门，隶属盛京将军。半个世纪后，甲午战争爆发，1894年11月，金州城沦陷，副都统衙门撤离金州城。

俄、德、法三国"干涉还辽"后，1896年，金州副都统衙署重新恢复。阎福升正是这时被任命为护理金州副都统的。经过战火洗劫，失而复得的副都统衙门其破败窘况可想而知。这就不难理解阎福升何以动用家资充当军饷，自筹资金修补城墙。

皮之不存，毛将焉附？身遭国难，上至达官贵人，下至平民百姓，都难逃涂炭。

托生于大厦将倾的没落帝国，受命于外强中干的昏庸王朝，朝廷命官的梦魇远不仅于此。1898年，沙俄迫使清廷与其签订《旅大租地条约》和《续订旅大租地条约》，规定，金州副都统衙门辖区仅限金州城区——堂堂辽南地区总兵，几乎等同于足不出户。

后人无从想见，接到圣旨那一刻，这位头戴镂花珊瑚朝冠，身着二品狮子补朝服的武官的内心该是如何酸楚，当他俯视朝服上寓意"江山永固"的刺绣图案时，心里是怎样翻江倒海。

事，总得有人做。从1896年至1900年四年间，阎福升在护理金州副都统位置上坚守着。1899年农历九月初五，阎福升打给朝廷的请款奏折中，陈情因"城外尽归租界，昔日进项今则毫无，官吏书役，办公无措，恳请酌给津贴以资当差"。这份奏折现存金州博物馆。

令阎福升始料未及的是，仅仅几个月后，1900年7月，沙俄军队借口金州城内有义和团活动，无端闯入城内，将阎福升、金州海防同知马宗武等人逮捕，并作为人质流放到库页岛服重役。

阎福升等人是如何被押解到库页岛的，现在已无据可考。他们也许走陆路——彼时，中东铁路，也称东清铁路已经开修，沙俄为将"熊掌"伸到中国东北而在《中俄密约》里秘密布局的这段铁路西起满洲里，经哈尔滨，东至绥芬河，支线向南延伸到大连湾；被掳掠的官员们也可能走水路——1898年，根据中俄《旅大租地条约》，沙俄将旅顺口划为其军港，被囚禁的官员很可能从旅顺口登船，渡海到达。无论如何，可以肯定的是，这是一段九死一生的艰难旅程。

被沙俄称为"萨哈林岛"的库页岛位于黑龙江出海口东部，东面和北面临鄂霍次克海，面积相当于两个台湾岛。本为中国领土，1860年《中俄北京条约》签订后，沙俄逼迫清廷割让该岛。这里气候寒冷，冬季长达六个月，每年北部封冻达八个月之久。岛上森林覆盖，沼泽遍布。

据说，临行前，阎福升对家人说："吾个人生死无足惜，为国捐躯乃吾之分内事也，尔等毋为吾忧。"囚禁期间，沙俄对阎福升胁迫虐待，但他始终坚贞不屈，将生死置之度外，恪守民族气节。直到1901年9月7日《辛丑条约》签订后，阎福升等被囚人员才获释。

花甲之年遭受外族流放的屈辱，冰天雪地里服重役的折磨，让阎福升身心受到重创，回到故乡的阎福升一直在老宅休养。六年后，1907年9月，在一个衰叶飘零的秋日，67岁的阎福升含恨离世。

百年沉浮：背负沉重家史　晚辈人生屡被改写

从山西太原府迁来，落户200余年的阎家，在金州当地应算望族，按门当户对的封建婚姻原则，阎福升的妻子来自当地另一大户人家夏家。史料记载，夏氏多年无子嗣，遂将阎福升四弟阎培和之子阎传绂过继为子。

命运常常喜欢捉弄人，阎福升恐怕没有想到，正是这个过继之子日后不光彩的人生选择，让他一世荣光在身后黯然蒙尘。

史料记载，阎传绂早年留学日本，获法学学士学位。九一八事变后，阎传绂任伪满洲国奉天市市长、吉林省省长。1945年8月，被苏军俘虏后押送苏联囚禁；1950年，押解回国；1962年4月病死于抚顺战犯管理所。至今，金州老人还偶尔提到"阎大臣"，说的就是阎传绂。

除了阎传绂，阎福升没有别的后人吗？

正在笔者苦苦找寻的时候，一个来自锦州的电话打了过来，中学特级教师康长君告诉笔者，她童年在阎氏老宅住过两年，她是阎家的外孙女。

康老师在随后发来的《我在阎福升故居度过的童年时光》一文里详细描述了儿时记忆中的老宅旧貌和在老宅生活过的亲人。不过，康老师有些不好意思地告诉笔者，她也不知自己是阎福升的第几代后人。她依稀记得，家里曾保存着皇帝赏赐给祖上的黄马褂，还有家族宗谱。在"文革"年代，这些如烫手山芋的"传家宝"均被付之一炬。

笔者反复梳理分析不同来源的资料，推断出，康老师文中的太姥姥应该是阎福升的儿媳，根据她青年守寡、丈夫是前清最后一批秀才、人称"大老爷"、25岁得病去世等情况分析，太姥姥的丈夫有可能是阎福升除继子阎传绂外的另一个儿子或侄子，也就是说康老师是阎福升的第四代后人。

拼接十分有限的阎家资料碎片，大体能够还原康老师母亲这一支阎姓后人的情况——

"大老爷"作为最后一批秀才，曾是一个职位不高的官员，据说为人正直，很有才干，可惜英年早逝。"大老爷"之妻曹氏，来自有"曹半坡"之称的曹家，年轻守寡，拉扯大一个儿子。曹氏识文断字，曾助学两名当地女孩。据说，此举是受当时在大连某银行任高管的娘家哥哥的影响。

曹氏之子叫阎家相，曾赴日本中学留学，因为父亲去世早，全家仅靠母亲一人打理，为给母亲分忧，无奈辍学回乡经营祖业。据说，他从日本带回苹果树优良品种，在金州乡间种植数千株，造福一方。

20世纪40年代末，阎家相去世，享年40多岁。其妻李氏守着年事已高的婆母寡居老宅。李氏有一儿一女，女儿就是康长君的母亲，叫阎雪勤。阎雪勤19岁出嫁，夫家经营20世纪初金州赫赫有名的康德记药房。

在康老师指点下，笔者在大连某养老院找到了阎雪勤老人，采访那一年她86岁。白发苍苍的老人身材高挑，身板硬朗，耳聪目明，思维清晰，看上去不过花甲年纪。尽管饱经沧桑，美丽容颜却没有被岁月销蚀净尽。

关于老宅和娘家，阎雪勤老人记得，若按家谱顺序，阎家后人在名字里依次应范"传、家、承、善、树"字，而她这辈的男丁即范"承"字。老人记忆中，娘家亲戚中有位"阎大臣"，但两家从不来往。娘家历来规矩严格，出门、回家都要先到奶奶屋里禀告、请安，得到允许方可行动。除此，老人并未提供更多的线索。

康老师说，姥姥家尽管家大业大，却十分朴素低调。印象中，小时候一到姥姥家，就被换上压箱底儿的旧褂袄，常常被姥姥拉着手去庙会上卖衣服、卖破烂。因为给外孙女穿着寒酸，姥姥被身为金州新贵的奶奶家人笑话"抠搜"。但姥姥家人乐善好施，广结善缘，以至于在历次政治运动中皆侥幸免于被抄家的厄运。尽管如此，在"文革"中，姥姥仍未幸免于难，结局悲惨。

康老师的母亲一生从事会计职业，其弟从事技术工作，晚年在大连某厂总工程师位置退休。姐弟俩虽出身大户人家，却一辈子隐忍低调，吃苦耐劳，默默无闻，如今都是四世同堂，儿孙绕膝。

（本文历史顾问：辽宁师范大学历史系教授刘贵福、金州博物馆研究员徐建华。特此鸣谢。）

文/周媛

横山书院

曾是辽南地区最高学府

　　驱车进入瓦房店市复州城镇，所见甚是繁华，街两边店铺林立，十分现代化。复州城是辽南的历史发源地，是一座拥有千年历史的老城。在这里，有建于唐代的永丰寺，建于辽代的永丰塔，还有建于清代的横山书院……横山书院，正是此行探访之处。书院位于瓦房店市复州古城之中，建于清道光二十四年（1844 年），典型的中式瓦房，曾是辽南最高学府，也是辽南地区唯一保存下来的古代书院遗址。1997 年被列为省级文物保护单位，后被列为大连市第一批重点保护建筑。

没住过将军的将军府

　　那一年，在去复州城之前，约好了瓦房店市复州文化馆退休老馆长金延年老先生来为我们揭秘横山书院的前世今生。据金延年介绍，始建于清代的横山书院脱胎于将军府，在 170 多年的沧桑变幻中，它始终在辽南地区文化传播上占有重要地位。这里，从清代到现在一直蕴满翰墨书香，也有不少优美传说、文人学者由此孕育而生。

　　横山书院位于复州古城之中西大街路北，这里原是复州正红旗防守尉顾尔马浑将军的府邸。而将军府的来历，还有一段十分有趣的传说。据传清康熙年间，北京来的正红旗世袭云骑尉顾尔马浑，因平贼有功，充任复州防守尉。顾尔马浑第二个儿子巴海从护卫选入宫中，当上一名小马童，专为皇帝饲养御马。一年，巴海回家探亲，遇见少年时代的干兄弟、复州城南夹河心人张云清。张云清赠给巴海一匹好马，名叫白龙驹，据说此马奔腾如飞，日行千里，于是，巴海走时把马也带回了北京。

一天，康熙去郊外打猎。从田间跑出一只兔子，巴海跟在康熙身后，看在眼里，他骑的是白龙驹，拍马向前，俯身伸手捉住了小白兔。康熙在马上哈哈大笑，不禁失声喊道："好一个固鲁马哄（满语，兔子）将军！"巴海一听封他为将军，急忙下马，跪地叩头："谢圣恩。"康熙一愣，知是失言，但君无戏言，话已出口，无法收回，只好应允。从此以后，巴海就当上了镇殿将军。将军府自然派头得大一些，于是选址开工，建了一座四合院将军府邸。据金延年介绍，实际上顾尔马浑一家一天都没在这座府邸里住过，随后便升迁走了，府邸也一直闲置。

书院名称源自"横山"

书院在一个比较狭窄的街道里，并不显眼。门头在今天看来显得很小，古砖古瓦，厚重木门，门楣上一块匾额高悬，上书"横山书院"四个大字。门外东、西各置石狮一尊，据金延年介绍，这两尊石狮事实上并非横山书院

原有，而是从复州古城乡间搜罗而来，具体年代不详。这两尊石狮，已被如刀岁月重新雕琢了模样，当年石匠手底的具象形态早已模糊不清，只剩下抽象的浑圆造型，守望时代变迁。

据介绍，书院占地面积 2516 平方米，坐北朝南，两进院落，都是典型的四合院布局，呈左右均等、中轴对称式布局。门廊两侧，各有门房一间，门房两侧又有东、西耳屋各三间。院内正中有瓦房五间；东、西厢房各七间。二进院为正房五间，东、西厢房各八间。

据史料记载，清道光二十四年

横山书院旧影

（1844 年），进士出身的复州知州章鞠人重视教育，为给州内学子开设一处进修的场所，倡议地方士绅协助官府募化义捐，有钱捐钱，有地捐地，利用已升迁的顾尔马浑将军府的旧址建成书院，并以复州境内的一座名山"横山"二字冠在书院的前面，命名"横山书院"。而横山的出名，并非因海拔高低，这座南北走向的小山，海拔仅仅 327.6 米，长约 10 华里，山无高峰，远望如列屏，横卧在渤海的东海岸上，因此称为横山。

从前，南北商船路过复州时，都要到长兴岛东头娘娘宫海港进行交易。他们在茫茫的大海里望见横山的山影时，就知船到复州了。因此，天长日久，"横山"就成了复州的代名词。同时，复州八景之一的"横山远眺"就出在这座横山上，据称能看到蓬莱仙境。复州文人梁殿奎写的《咏"横山远眺"》诗云："凭高眺远势峥嵘，海角名山一带横。绝顶孤存颓佛塔，昂头四顾邈宇瀛。南瞻蓬阁云如点，西极榆关雨乍晴。最好秋风乘石磴，水环三面起涛声。"按照诗句的意思，"横山远眺"就是登上山顶，往南望山东半岛的蓬莱阁，往北望几百里外锦州地区沿海的山影。不过据金延年介绍，至今也没人见过这个奇景，只是诗句口口相传，一直流传了下来，不过也不排除这个奇景是前人所见的海市蜃楼，因为真正能看到那么远景观的概率微乎其微。

几经扩建改名，人才辈出

如今走进横山书院，进门后中轴线是一条小路，从正大门纵贯前后四合院，正房和厢房现在皆用作展室。前院中央立有孔夫子塑像，前院正房展室是瓦房店名人馆，后院正房展室中则是老复州城的复原模型。周边中厢房展示的则是非物质文化遗产，譬如皮影戏等，以及典籍字画等。

据悉，辽南在清代以前是没有书院的，因而横山书院也是当时辽南地方最高学府。清咸丰年间，复州知州王廷祯主持重修和扩建了横山书院，从此，复州考生高科连捷，是此地学风极盛时期。

清光绪三十二年（1906年），清廷派大臣访欧回国，效仿西欧办学方式，改横山书院为横山学堂，并于同年成立师范传习所。民国二年（1913年），改复州为复县，又将横山学堂改为奉天省复县中师学校。九一八事变后，书院遗址更名为复州街公立国民优级学校。国民党占领复州时，在书院遗址上建立了复县士达中学。之后，横山书院又先后更名为复县联合中学、复县第二中学、复县第二十二中学。1984年，复州文化馆迁此办公至今。

虽经多次更名，横山书院没有因此失去昔日光彩，近现代许多文人学士、著名将领都在此留下印记。书院从1844年至1906年，在册考取科名的

近300人，其中庠生220人、举人10名、进士2名、翰林1名。其中的翰林就是"复州第一才子"徐赓臣，也是复州城唯一的一名翰林院庶吉士。徐赓臣（1824—1880），复州太平庄（今瓦房店元台镇）人，字韵初，号东沙，据称他曾拒当帝师。金延年说，在徐赓臣7岁时，私塾老师曾出上联"牛皮制鞭鞭打牛"，徐赓臣对下联"雕翎做箭箭射雕"，令老师刮目相看。后来，徐赓臣中了进士，被安排到翰林院任庶吉士。清咸丰帝为年幼的太子（后来的清同治帝）物色老师时，有大臣大力举荐徐赓臣。徐赓臣却以才疏学浅，恐有负众望，婉言谢绝了。咸丰帝听闻此事，认为徐赓臣有些狂妄，决定要给他一个教训。一天，咸丰帝在众人的陪同下前往翰林院，宣徐赓臣来到面前，咸丰帝出一上联"口十心思思父思母思妻子"命徐赓臣对句，话音刚落，只听徐赓臣张口就答"寸身言谢谢天谢地谢君王"。咸丰帝听了如此工整绝妙的对答后龙颜大悦，当即批了他半年的假，准其回家探望父母与妻子。之后徐赓臣在河北做了三年县令，而后辞官，游历了大半个中国，最后回到家乡，到横山书院任教讲学，为复州培养出不少人才。1880年，徐赓臣因患病不治，亡故于太平庄，享年56岁。

　　据介绍，在现代史上，从横山书院走出了不少名人。在横山书院的当代名人馆中，你能看到更多名人跟这里有着颇深的渊源。航天专家、载人航天

横山书院

工程载人飞船系统原总设计师、中国工程院院士戚发轫是复州城人，戚发轫很早就随父母离开复州城，到外地读书。记者在名人馆里还见到了一个老熟人的面孔，他就是演员冯恩鹤，在电视剧《潜伏》中扮演军统天津站站长吴敬中，精湛演技给观众留下深刻印象，他是地地道道的复州城人，曾在横山书院读过书。

书院"修旧如旧" 全靠"挂瓦"绝活

在书院的后院里，有一棵巨大的垂柳，枝繁叶茂，枝条细长密集，垂落地上。这里原本是有一棵古柳树的，金延年说，当年国民党进入复州时把马拴在了这棵树上，结果不久这棵树就死了，20世纪90年代的时候，书院特意从杭州西湖移植了一棵垂柳过来，这棵柳树在此扎根至今。

据金延年介绍，新中国成立后，横山书院进行了扩建，在原前后院的基础上向东西扩建，东边建了一个操场，西边则是教职工住所。在1975年前后，在操场位置建起了电影院，教职工住所也撤了。如今电影院也已经停用。1984年，横山书院曾简单修过一次，当时只是换了窗户。2004年10月，市政府对横山书院启动大修工程。为了能最大限度地恢复横山书院当年的面貌，坚持重点保护建筑"修旧如旧"原则，当时横山书院向整个复州城征集清代年间的瓦片。如今，书院屋顶上的瓦片都是清代瓦片。

"挂瓦"是整个大修工程中最难的程序，要确保瓦片与瓦片之间没有空隙，下雨时不漏水。当时会这种手艺的人在复州城中寥寥无几，为此，金延年几经周折才找到一名传统的挂瓦匠人。这名匠人的挂瓦绝活是祖传的，为了复原横山书院费了不少劲。当时，为了防止重建后砖瓦顺序混乱，金延年他们将房屋的原始瓦片、砖石都编上了号码，重建时严格按照顺序放置，这种严谨的态度，真正保证

了横山书院"修旧如旧"。

横山书院的外观基本恢复后，又经过多年努力和工作，完成了"五展馆一碑廊"的工程。"五展馆"即复州历史展馆、复州民间艺术展馆、复州皮影展馆、复州名人展馆、翰林展馆。除了复州名人展馆外，复州民间艺术展馆和复州皮影展馆把复州人创作的原汁原味的民间艺术作品一一展现，有复州皮影、剪纸、字画、根雕、大鼓、高跷等；复州历史展馆中陈列复州古城沙盘模型等；翰林展馆中则有部分古旧书籍，还有旧时学生读书的场景展示，用人物蜡像还原了当年教室上课的情形——当时一个班就八个学生，都在炕上学习。展馆中，山墙火炕、地八仙桌等设施都一一还原。

在书院西侧建有一条长 40 米、宽 3 米的碑廊，展出跟复州历史有关的各种碑碣。其中包括明永乐年间所建石城碑、清乾隆年间所建砖城碑、清光绪年间重修复州城碑、甲午战争清爱国将领宋庆功德碑等。有些碑面字迹模糊，有些碑断裂残缺，这些古碑排队伫立，静静无声，但也似在述说岁月的流转和历史的变迁。

金延年已经从岗位上退休，但是他依然奔波在文化保护的道路上。而如今的横山书院能历经百余年沧桑留存于世，是大连乃至辽宁文化的幸事，这是本土文化的根基和厚土。每年的国庆节，横山书院会举行书画展，正月十五会举行灯谜会，这里是复州城一个重要的文化交流场所，也是很多人探古的地方。笔者在横山书院采访时，就碰见了三个年轻人，他们步行游历复州古城，刚从永丰塔那边过来，重点来探寻横山书院，"来这里寻找文化的根！"他们如是说。

文／王玲

横山书院

韩云阶旧居

小楼春秋盛下伪满耻辱

　　在金州火车站的对面，绿树环抱着一栋黄色二层花园洋楼，它有一个很洋气的名字：柏林会馆。它的主人曾是伪满洲国的重臣韩云阶。

　　韩云阶富甲一方，异地为官，祖上行善积德，惠蒙众生，他却成为日本殖民者的鹰犬，令祖上蒙羞；他才学极高，却不懂礼义忧患，助纣为虐，留下一世骂名。好在人去楼在，现在的柏林会馆已经成为高档饭店，门廊上悬挂着韩云阶的几百字"人生"，过往食客，有意无意地一瞥，会留下多少关于这个龟缩在历史角落的昔日主人的印象？

从家眷宅第到高档饭店

　　柏林会馆位于金州站前街道友好街46号，始建于1930年前后，1938年建成。柏林会馆为伪满洲国经济部大臣韩云阶所建，是他在金州的家，由他的家眷居住。此楼为德国人设计，日本人建筑，当时日本人的工艺水平高，韩云阶本人又在日本留过学，所以才用日本人建筑。小楼由红砖、水泥垒砌，一些建筑用砖是从日本运来的，外面镶嵌米黄色瓷砖。整个院落占地5500多平方米，建筑面积为1280多平方米。因为此建筑为来自德国柏林的设计师设计，院内又有多棵柏树，故名柏林会馆。

　　因为后来这里一度是军事指挥重地，所以平常人很难走进这座深深宅

韩云阶旧居院门

院，直到几年前，这里变成了金州城里的高档饭店。

小楼由前院、洋楼、厢房和后花园组成，庭院深深，小径通幽，翠鸟鸣唱，苍翠高大的柏树遮住大部分阳光，也隔挡住对面金州火车站的喧嚣，让小楼更显安静闲适。这里还有银杏、柏树等十多棵古树，其中三棵翠柏有上百年的树龄，被收录到《大连古树名木》中。

小楼的主人韩云阶曾是伪满洲国的经济部大臣，20世纪30年代，风光一时。他常年在黑龙江和吉林，这份安静应该不属于他，"这个小楼主要是韩云阶的内眷住所。"现任柏林会馆总经理的张敏说。

走进柏林会馆，楼内地板、门窗都是木质的，墙壁上挂着的金州名家书画作品和几张老照片为如今的饭店平添了几分翰墨风雅和历史厚重。据称，原先房屋设计得非常漂亮，设有餐厅、卧室、客房、接待室、放映厅等，功能十分齐全。张敏说："从2008年开始，韩云阶的旧居改成了饭店，会馆的格局基本上没有改动过，只是更换了灯和地板。主管部门不允许有任何改动，力争保持原风原貌。"几年前还住在金州的韩云阶后人曾经来到这里，

韩云阶旧居

指着房间，如数家珍："这是大奶奶的房，那是二奶奶的房……"

可能是对建筑要求过于苛刻和精益求精，这栋小楼前后用了八年时间才建成，之后，韩家的夫人小姐们也只享用了六七年时间，便成了小楼的匆匆过客。1945年日本人战败，金州民主政府成立后，没收了韩云阶的全部家产，包括这栋小楼。被没收的小楼由当时驻扎在金州的苏军作为指挥部使用，后来又归沈阳军区所有，成为部队招待所。

2000年产权归地方政府，现已成为大连市保护建筑。

一张和希特勒的合影

柏林会馆多多少少和德国扯上关系，每一个到柏林会馆的人都能在走廊的墙壁上找到这样一张老照片：纳粹头子希特勒和韩云阶握手的合影。照片中，希特勒在左，位置稍高，满脸堆笑；韩云阶在右，位置偏低，一脸谦恭。这是1938年7月，在伪满洲国国务总理张景惠的举荐下，伪满洲国组成以经济部大臣韩云阶为团长的16人访欧使节团，前往德、意两国进行经济方面的访问。这次访问的目的，一方面是向纳粹德国、法西斯意大利"取经"，学习其经济统治的办法，再拿到伪满推行；另一方面是向这两国宣传

韩云阶旧居西南角

日本在伪满发展产业的"造福"之举。

访欧期间，韩云阶于9月8日会见了墨索里尼，半个多月后，他在柏林拜访了纳粹头子希特勒，留下此照。那次韩云阶与希特勒的会面还有一个小小的细节：在一次会见中，韩云阶自己闭门与对方官员密谈，这引起日本人不满，疑他有投降外国之心，一度遭到日本人的冷遇。

但在这张颇显风光的照片拍完后的第七个年头，1945年8月，惶恐如惊弓之鸟的韩云阶匆匆返回柏林会馆，不久就自编自导了一出诈死求生的活剧，从此与旧居柏林会馆绝缘。

诈死求生

在金州城的近代历史上，韩云阶是个绕不过去的人物，那么他到底是怎样的一个人？

笔者翻阅历史资料，有关韩云阶的记述少之又少，他异地为官，鲜回故里，倒是他曾任职的黑、吉两省的史学界时不时提及他，但大多语焉不详。区区千字文便概括其人生，再加上韩家后人又很少在公众场合发声，所以，只能从只言片语的记述中连点成线，去勾勒韩云阶的别样人生。

留学日本，才学能力过人

韩云阶生于1894年，原名乐升，字云阶，号毅庵。自幼丧父，母亲是个虔诚的天主教徒。1913年在金州南金书院毕业，因学习勤奋，公费留学日本，1916年毕业于日本名古屋中等工业学校染织科。

在伪满的官吏中，正当壮年的韩云阶不同于年长的郑孝胥和张景惠这样的前清遗老，抱残守缺，空谈立国，他学贯中西，才学能力不输他人。在一幅他赠给友人的中堂书法作品中，他的草书龙蛇飞舞，大开大合，颇有大家翰墨之风。

韩云阶精于实业，从日本回国后从事实业，渐渐成为富商，拥有资本千万元。他先后创办哈尔滨致中和钱粮代理店、克山义祥火磨，历任哈尔滨信托公司董事、东华仓库金融公司理事长等职。1924年，被"北满"地方推选为"南北满"实业家代表，赴西欧及俄国考察实业。回国后极力提倡实业改良，被推举为黑龙江省火磨公会监察委员。

韩云阶又极有政治抱负，施政雄心，至今在美国密歇根大学的图书馆

韩云阶旧居鸟瞰图

里还能找到一本名为《黑龙江省施政大纲三年计划》的书籍，组织编写它的就是韩云阶。他在任伪黑龙江省省长时，踌躇满志，组织编写了洋洋数十万字的《黑龙江省施政大纲三年计划》，扬言"振兴"黑龙江省。在伪满官场上，韩云阶可以说官运亨通，他历任伪满洲国黑龙江省省长、新京特别市市长、伪满洲国经济部大臣。

太高祖修石鼓寺曾惠蒙金州

位于金州城东的石鼓寺，又名"唐王殿"，是辽南地区海拔最高的庙宇，据称是修建于唐朝初年，有关石鼓寺似是而非的传说多与唐王李世民有关。1934年9月的一天，在通往石鼓寺的崎岖山路上，行走着一个略显清瘦、梳着油亮分头的中年人，他就是韩云阶，此番归里，是为了缅怀先祖。

100多年前，正是韩云阶的太高祖韩希顺和其弟韩希德两人分别捐资200元，后又募化资金，重新修葺了石鼓寺，为金州古城留下一处珍贵的人文景观。多少年过去，眼见着太高祖和太高祖伯所立的石碑"殆尽文字，几不可辨"，韩云阶又立了一块新碑。于骊兴曾撰写碑文，大加吹捧韩云阶："……春秋佳日，游人如织，云阶贤者，先泽不忘，丰碑屹立，以昭茫茫。"

此时"贤者"韩云阶的心情肯定不会太好，几个月前因为贪污春耕贷款，他被日本人免去了伪满洲国黑龙江省省长一职，此时借登高祭祖，乞求祖上庇护，以此平复一下心中愤懑，宦海沉浮，世事难料，心想日本主子并不好伺候。

会说流利的日语，有实业做依靠，善于交际的韩云阶很受日本统治者青睐，很快成为日本关东军屠杀抗日队伍的帮凶。据《黑龙江边官边吏评述》一书记载，1931年九一八事变后，韩云阶结识了日本关东军副参谋长板垣征四郎，从此开始一心效忠日本统治者，甘当马前卒。当时抗日英雄马占山在江桥抗战后因寡不敌众率部主动撤退到海伦，韩云阶主动要求劝降马占山；后来为了消灭诈降后再次举起抗日大旗的马占山，他向关东军献计，以高官厚禄收买马占山的部下程志远，并派军队协助日军消灭马占山部队；1932年，韩云阶又将伪军装扮成日军，帮助日军进攻张鸣九、马占山和苏炳文部队，将三人所率的抗日队伍逼入苏联境内，剿杀了这支抗日武装力量。

可能是韩云阶登大黑山缅怀先祖"感动"了上苍，不久，他便被任命为伪满洲国新京（长春）特别市市长，后来，又当上了伪满经济部大臣。对他当上伪满经济部大臣有一种说法称，有一天，日本天皇的弟弟秩父宫来伪满洲国访问，在楼上眺望"首都"建设时，伪新京特别市市长韩云阶以滚瓜烂熟的日语向其介绍，秩父宫感到惊奇，私下对关东军司令部说，这样的人才一定不可埋没。

很快，韩云阶青云直上，甚至一度不把年老的张景惠放在眼里，觊觎他的"总理"宝座。

金蝉脱壳蝼蚁苟性命

还没等韩云阶坐上"总理"宝座，1945年，苏联红军对日宣战。在日益临近的炮声中，韩云阶潜回金州，回到了他很少居住的柏林会馆。谁也不知道1945年那个夏天的夜晚，慌里慌张的韩云阶在柏林会馆里想些什么，是惊恐曾和他握手言欢的希特勒几个月前自杀而亡，还是哀叹自己效忠的"皇帝"溥仪成了苏军的阶下囚？但是有一点可以肯定，他不想死。

不久，韩家就对外发表，说韩云阶染病而死，已经埋葬，其实，韩云阶偷偷地逃亡台湾。韩云阶昔日伪满同僚的结局大多是被关进抚顺战犯管理所，受到正义的审判，而惜命的韩云阶在上演"金蝉脱壳"的苦计后，先落脚台湾，再转到日本，后移居美国，最终跳出苏联的势力范围，逃过了历史的审判。

1982年，韩云阶客死美国加利福尼亚。据说，在20世纪90年代，韩云阶的后人从美国回来过，其家族在美国航运界很有影响力，来人希望有关方面能为韩云阶平反，得到的答案当然是"不"。

伪满官吏是历史罪人

沈燕现任伪满皇宫博物院研究员、吉林省民俗学会副理事长，著有《伪满官吏》等多部有关伪满洲国的研究专著，对伪满官员有较多研究。笔者通过QQ聊天，采访了沈燕。

笔者：现在许多历史文章喜欢把有争议的历史人物描写得更具人性，这合适不合适？

沈燕：即便是罪大恶极的人也都有人性的一面，但是，我们在写历史人物，特别是有争议的人物时，尽量多写事实，少做定论。让事实说话，我认为这比给他下个定论更合适。

笔者：韩云阶曾任伪满经济部大臣，才学极高，却落得一世骂名。

沈燕：不一定有才学的人就能受到人们的尊敬。反过来说，韩云阶成了伪满官吏，除了当时的政局变化，难道没有他个人主观的因素吗？所以我们在研究他们时一定要尊重历史，尊重事实。

笔者：您在《伪满官吏》一书中对伪满官吏是怎样一个历史评价？

沈燕：在日本侵略者对东北进行殖民统治过程中，作为在殖民统治机构效力的这些人，阿谀奉承，并将自身的命运和侵略者的命运联系在一起，成为日本侵略者实施"以华治华"政策的被控制者和被利用者，他们是感受不到寄生于侵略者羽翼下的那种苦涩、羞惭和屈辱的滋味，究其根本就是他们已失去了做一个中国人的良心、勇气。历史的罪人就是对他们最准确的定位。

（本文历史顾问：金州博物馆研究员徐建华。）

文/刘爱军

李秉衡故居

晚清重臣官宅寂寞乡野间

秋季的乡村平添了一份安静与凝重，瓜果粮菜的成熟让农村蒙上了一层浓重的黄和红，村民们的脸上又多了一份疲惫的喜悦。

李秉衡故居就在此地——庄河市鞍子山乡黄柏树村后石嘴屯。夹杂在乡村的民房中间，这座四合院显得静谧而孤独。

与周边简单的现代瓦房相比，李秉衡故居还保留了一些古色，有着明显的清代北方民居的特点，但这不是清代的老建筑，是2009年重新修缮的。李秉衡的曾孙李温烈是这里唯一的主人，他称李秉衡为"三太爷"。

李秉衡，当地人称"李三大人"，晚清重臣，官至正一品，曾任山东巡抚、长江巡阅水师大臣，近代历史上著名的镇南关大捷就是在李秉衡的领导下取得的。晚清重臣中，他与李鸿章、张之洞齐名，是当时辽南地区走出的最大的官。

官至正一品　被誉为"北直廉吏第一"

在庄河农村，流传着一个关于李三大人的传说。他为官时，曾多次给光绪皇帝上奏折，深得光绪帝的信任；他带头抗击八国联军，是个典型的爱国将领；他曾与慈禧闹翻，吞金自杀于战场；他一生为官清廉，连官宅都没有修缮，只在房子两边插上两个旗杆，表明这就是他的府邸……

有少许文化的庄河农家的父亲母亲大多会给孩子讲述这个关于李三大人的故事，故事说得很传奇，传奇到连孩子也不相信是真的。因为没有人看到过李三大人，也很少有人看到过李三大人的府邸。这个李三大人姓甚名谁？做过多大的官？家在哪里？我们看过那么多的清史剧，为什么没有见到过李三大人？

庄河的文化人知道，关于这个李三大人的故事是千真万确的，他的神勇，他的爱国，他的清廉，都有据可考。

李三大人，大名李秉衡。据史料记载，李秉衡（1830—1900），字鉴堂，辽宁庄河鞍子山乡黄柏树村后石嘴屯人，晚清重臣。从知县开始，官至正一品。他自幼怀有治国安邦大志，文韬武略出众。面对列强侵华，李秉衡在中法战争、中日甲午战争、抗击八国联军等战役中率军奋战，他始终坚持爱国立场，支持义和团反帝斗争，反对沙俄侵略中国东北，反对德国强占胶州湾，直至以身殉国。李秉衡做地方官时，就有"北直廉吏第一"之名，后为朝廷大臣，更有"包拯再世，海瑞复生"之誉。

青色基调的院落　寂寞独处乡野间

关于李三大人的传说，从庄河重修李秉衡故居开始，田间劳作的村民们才真正相信这是一段真实的历史。

青色基调的院落，典型的清代北方民居

这座四合院是2009年重修的，就在李秉衡居住过的房子的原址上翻新重建，最大限度地保留了房屋原本的面貌。李秉衡19岁离开家去做官之前，一直居住在这里。

李秉衡故居坐落在村落的中间，极其普通。整个院落呈现出典型的清代北方民居的特点。正房是五间瓦房，青色的。特别说明一下，李秉衡居住的时候房子没有瓦，是地道的茅草屋，但是由于重建时已经找不到缮匠（做茅草屋的工匠），只能建成瓦房。

李秉衡的后人李温烈是这里唯一的主人。他的电话写在了大门上，以方便有人参观时通知他，平时，他还要回到自家干农活。他向我们介绍："这座房子从外观上与老房子很像，但是真正老房子的物料，只有地面上的那圈石头，一块不少；其余的物料，全部是新的。"

窗户是旧时的弯垄格子窗，没有玻璃，是纸糊的，上下开。重修后的房子，窗户虽说保持了旧时弯垄窗的风格，但是工艺上简单多了，"原来的能更艺术一些吧。"看来，今天的工匠很难再现当时的艺术效果。

正堂进去是普通东北房屋的外地，两边各有大锅，算是厨房。锅边，是民间做饭用的风箱。

地面是泥土夯实的，有些潮湿。李温烈说，这个房子就是要保持这个风格，这是原貌。屋子里没有电，地面也没有修整。屋子里面是泥土的墙面，上面挂着对李秉衡的生平评价。里面的家什都是民间已经失传的老古董，如用葫芦做的播种器、高桌、座钟、煤油灯……这些物件是不是李秉

故居中的老物件都是后来从民间淘换来的，但却给故居增添了无限的古意

衡当年用过的？可以肯定地说，不是。这是从民间淘来的，这些物件会唤起人们对李三大人的缅怀与敬重。那些年代久远的老物件也许是李秉衡当年见也没见过的，却是见证辽南民间历史的最有力的物证。

出了正房，向下走几个台阶，就来到了院子里，李秉衡的塑像让这个院落陡然显得庄严起来。有了这座塑像，才会让人想起来，这里是特别之处，是爱国主义教育基地。塑像的两边是两座厢房，李秉衡当年居住在这里时，这里本没有厢房，这也是重建时加上去的，大概这样看起来更像是一个一品大员的官邸。

其实，李秉衡在朝廷为官，是皇帝身边的人，其官邸一定会非常大气，但是，庄河人传颂的李秉衡为官清廉，其官邸与普通人家并无二致。

据说，李秉衡当年有建官宅一说。这个故事也是李温烈讲述的。有一年，李秉衡回家省亲，他轻车简从，为了给当地官绅减少麻烦，亲自到岫岩州知府处说明情况，请迎接的人解散回家，不必为他劳神。地方官绅要在李秉衡的老家用官银修一座官宅，他再三推托，但盛情难却，只能随某乡绅看新居住址。这一看，他大吃一惊，原来这里立有一座高大的石牌坊，牌坊有三个门，两侧低中间高，最高处镌刻着道光皇帝的圣旨。李秉衡岂敢在此修官宅，他同家人商量，找石匠做了两对大夹杆石，找木匠做了两个大旗杆，立在故居茅草屋大门两侧，意即家中有做大官之人。此事耗资白银六两。

今天，人们见不到气派的李秉衡故居，皆因当年这一段插曲。

李温烈说，那两对夹杆石尚在。

旧居与祖坟是否藏有金银财宝

笔者的参观造访是在庄河市鞍子山乡文化站站长的带领下进行的。看到李家大门大开，刚从秋收的地里回来的大妈大嫂也来凑凑热闹。

笔者在屋子里搜寻老物件，一件一件听李温烈讲述时，她们在院子外面的大街上张望着。"老李家门口又来车了，去看看。"原来，在这个寂静的村庄里，她们通过机动车的声音来判断发生的新鲜事，通过机动车的牌照来分析"来者何人"。

看到这些亲切的大妈大嫂，我们招呼她们进来参观。"别看我们住得近，平时捞不着看，跟你们沾光了。"六七个大妈大嫂一股脑地拥进来，目光在院子里游荡着。"妈呀，这不跟咱家一样吗？就多了个像。"有一位大嫂看到院子里种着的萝卜

故居内李秉衡塑像

和秋叶菊，瞬间失去了神秘感，似乎有些失望。"俺三太爷本来住的就是一般的茅草房，有啥不一样的。"李温烈应和着说。

大嫂中，有一个叫张春燕的女人看得格外仔细，她把脑袋贴在窗上，使劲地往里面看。看什么呢？"看看跟俺家原来一样不一样。"1954年生人的张春燕就出生在这栋房子里。张春燕的父亲张德利是抗美援朝军人，属有功之臣，回来后，政府把这栋房子分给了张家住。张家人住在这栋房子里，直

李秉衡旧居大门

到2009年。"爸妈去世后，就俺哥哥嫂子在这里住。他们住的时间很长，我结婚后就搬出来了。"

小时候，张春燕就听说她家住的房子是李三大人曾经住过的，但是李三大人到底是谁，没有更多的概念。

她从窗户望进去，说就是小时候那样，没什么变化，就是干净了许多。"就是这弯垄窗不一样了，以前我记得是上下两扇，现在变成了上面两扇，下面两扇，中间用一个竖梁隔开了。"2009年，政府从张春燕哥哥手里买下了这栋房子，把它作为老建筑保护起来。这时，张家人才真切意识到自己住的确实是清朝政府一品大员的官宅。有人说，住李秉衡的房子，家中会出做官的，"出个啥？俺家一个做官的都没有。"张春燕把这个说法当故事听，张家也用自己的经历破除了人们的风水崇拜。

但是，依然有人相信李秉衡的房子里有玄机。政府把房子买去后，在原址上做了拆除翻新。"拆房子那天，这里聚了很多人，大家争着拆梁柁，都说那上面会藏着金银财宝，会有值钱的东西。哪里有？啥也没有。"张春燕说，李三大人还真是清廉。

这一幕在数年前当地迁坟时也同样发生过。因征地等原因，李家祖坟搬迁，也是拥来了一堆人，他们想看看李家祖坟里是否会藏有金银财宝。庄河民间流传着一种说法，李家祖坟的确挖出了一些值钱的物件，被一些人占为己有，有关部门上门索要时，被当地老百姓藏了又藏。

关于李家祖坟，还流传着另一个传说。相传清代时，李家在一个寒冷的冬天收留了一个穿羊皮袄的乞丐。李家人把这个乞丐留在家里，供吃供喝，一直过了年关。乞丐深为感激，到开春时，他说自己没有别的本事，就给李家踩一块茔地吧。只见那个乞丐穿着羊皮袄在村头的空地上走来走去，忽然，人们发现乞丐不见了，地上只丢下破旧的羊皮袄。李家人立刻意会，就将羊皮袄落下的地方作为坟茔。

关于李家祖坟的传说还没有结束。日本殖民统治时期，要在这里修公路，一天，一个白胡子老者找到修路的设计者说："你们修路别拆了我家的房子，那房子有灵气。"说完，老者就消失了。设计者找不到老者说的房子，再一看，老者说的地方只是一片坟地，就是李家祖坟。后来，这条路就绕过了李家祖坟蜿蜒而去。

这些民间的传说都有一些迷信的成分，当然不能采信。但是，那条蜿蜒的公路确实是存在的。

历史迷雾的背后

在清史中，有大名鼎鼎的张之洞、李鸿章、左宗棠，却少有李秉衡的介绍。李秉衡官至正一品，以当年为官的级别及在光绪帝身边的地位，李秉衡毫不逊色。可是，至今已出版的各种版本的中国近代史中，均未提及李秉衡其人。

李秉衡到底是怎样的一个人？

散落在民间的一些资料显示，李秉衡，祖籍山东，清乾隆年间由福山县迁至奉天海城（今属辽宁）。捐资县丞出身，历任直隶完县（今河北省顺平县）、枣强、宁津知县，蔚州（今蔚县）、冀州、直隶州知州，永平府知府和山西平阳知府。每到一地均精心吏治，深入了解下情，百姓"口碑载道"，称为"北直廉吏第一"。后被提升为广东高廉道员。1884年（光绪十年）调补为广西按察使，奉命前往镇压莫梦弼武装。1885年，暂任护理广西巡抚，不久兼任布政使。中法战争时负责龙州西运局，与冯子材分任战守，功绩卓著。1900年八国联军进攻大沽时，李秉衡受命帮办武卫军事务，率部保卫北京。8月在杨村（今天津武清区）战败，退至通州（今北京通州区），自杀。

这些资料是后人经过反复考证后得到的。

庄河的张天贵老人大概算是考证李秉衡最权威的人。张老1931年生人，1983年6月开始考证李秉衡的生平事迹，先后到国内多个地区的图书馆和民间走访，查阅资料400余万字，行程数万公里。2006年，张天贵出版《李秉衡评传》，多次在国内权威的历史研究刊物上发表考证论文，是权威的李秉衡问题专家。

2012年10月中旬，我们在庄河拜访了张天贵老人。

张老精神矍铄，谈起李三大人，如数家珍。

李秉衡故居

与普通人家别无二致的官邸，彰显其为官的清廉

　　"李三大人是民间百姓对他的称呼，其大名叫李秉衡。我小时候住在英那河附近，与李三大人的老家很近，听到很多关于他的故事，从小就知道李三大人是一位清官，专门为民为国办事。"张老做过多年文化工作，曾担任庄河高中书记，对于历史也有很深的研究。1983年，张老被调到庄河市史志办工作，为庄河写县志。

　　张老查阅了民国十三年（1924年）的县志，县志上称李秉衡住岫岩青堆子，当时庄河在管理区划上归岫岩管。后来，他又查阅《辞海》，上面称李秉衡为辽宁海城人。

　　李秉衡是庄河人还是海城人，这是张老考察的第一步。张天贵带着介绍信来到海城寻访。《海城县志》上也有这一段，可是在海城既找不到李秉衡故居，也找不到李秉衡的祖坟，而在庄河鞍子山，却能找到李秉衡的家谱。"文革"时，李家家谱上的人名被李家后人切下来保存，把家谱烧掉。这份被切下来的名字成为李秉衡是庄河人的重要证据。后经多方考证，张老终于找到了"李秉衡系海城人"是以讹传讹的证据，"原来，李秉衡的父亲做官时，在当地没有名额，是借海城籍报名，后来的记载就以海城籍传了下去。"

　　1984年，张天贵以自己的考证写了一篇论文《李秉衡借官考》发表在国内重要的历史杂志上。这篇文章在国内史学界引起关注。1995年，经过十多年研究，张天贵又在《清史研究》杂志上发表重要论文《中国近代史上的重要历史人物——李秉衡》，引起了史学界的震动。

至此，李秉衡这个被淹没了的民族英雄逐渐浮出水面。

为官清廉后世敬仰　抗击外敌为国捐躯

李秉衡到底怎样走上为官之路？他有哪些历史功绩？到底做了多大的官？这一切在张天贵老人的《李秉衡评传》中都有考证。

李秉衡的先祖是从当时顺天迁居山东福山县桃源乡。到1774年，即乾隆三十九年，李秉衡的曾祖携家眷闯关东在古镇庄河青堆子登陆，在距离青堆子8华里的石嘴子定居，以耕读为业。当时的庄河归奉天省岫岩厅管辖。

李家有人做官是从李秉衡的父亲开始的。李秉衡父亲李辉德是个读书人，曾在家乡教私塾，通过考试当上了官，先后在江苏多个县任知县。

李辉德有三妻一妾，李秉衡是李辉德第二个妻子所生。张天贵老人称，李秉衡自幼就机敏过人，白天学文，早晚习武，有"铜锤李"之称。在外做官的李辉德十分注重对儿子的培养，李秉衡十四五岁时，祖母祖父相继去世，李秉衡就挑起了家庭重担，李辉德怕儿子荒废了学业，还创造条件让他去学习四书五经，接受儒家思想教育。

到李秉衡18岁时，母亲也去世了，为照顾李秉衡年幼的弟弟妹妹，李辉德让儿子李秉衡订婚娶妻。后来，李辉德依然担心子女的教育受到影响，便与再娶的妻子商定，回乡变卖了家产，带子女南渡。从此，李秉衡离开了家乡。

清代做官有两个途径，一是通过科举考试，二是通过捐资入仕。"李秉衡是通过捐资入仕的，时年应该是26岁，而真正走马上任的时间应该是30岁。"张天贵的依据是中法战争结束时李秉衡55岁，当时，他已做官20多年。

李秉衡先是在河北保定待了一年，后来天津静海县知县犯事被究，李秉衡被派去任知县。这是李秉衡做官的开始，那一年，是1860年。

到1866年，李秉衡做了多地知县后升任宣化府蔚州知州。

李秉衡为官体恤百姓，能力很强。那时黄河流域不断发生水患旱灾，人们都说"非李牧（李秉衡）不胜任"，因此，尽管因政见不同与李鸿章有矛盾，但李鸿章也不得不多次把他贬职后又再次起用。1879年，李秉衡被调任冀州知州。离开他所在的宁津时，当地一百姓用自己的一双鞋换李秉衡的一双官靴，将其挂在宁津县南城门上达十年之久，激励后官效仿李秉衡。宁津县官绅百姓还筹资建了一座李公德政碑，"碑文现在宁津县县志里还有记载。"张天贵老人说。

李秉衡在历史上的贡献在于他曾率兵取得晚清历史上唯一一次对外战争的胜利——镇南关大捷。张天贵老人经多方考证后写出多篇论文为其证明。当时，李秉衡任护理广西巡抚主持工作。

历史上的李秉衡多次参与反侵略战争，在对待外国侵略问题上的态度与慈禧、李鸿章等人观念相左，曾遭到强烈排挤。1897年，李秉衡因"巨野教案"被罢官，德国人上奏慈禧，要求对其永不叙用。两年后，光绪皇帝重新起用李秉衡，任命他为钦差大臣，查办"奉天事件"。

光绪二十六年（1900年），李秉衡任钦差大臣巡阅长江水师，后进京勤王抗击八国联军，兵败后自杀。

70岁的一品大臣，居然选择自杀，可见，李秉衡面对帝都沦陷、家国尽毁的惨状，内心有多么悲愤，勤王不成，只能以身殉国，才对得起君王重托、百姓期望，真一个李三大人。

文/宋京

长隆德庄园

庄河山里的"乔家大院"

这不是一座普通的农家院，它的规模之大、保存之完好是笔者在东北这片土地上未曾见过的。

它的名字叫长隆德庄园，坐落于庄河北部山区老镇蓉花山镇五道沟村。秋后的一天，我们从大连出发，驱车200多公里，轧过一条又一条的乡间小路，来到长隆德庄园，一睹它的尊容。

主人已去，园子犹存

从哪里说起呢？蓉花山镇是庄河北部山区的一个中心镇，东有青堆子，西有长岭，一条东西大通道从镇里穿过，使这个镇与鹤大线、哈大线相通。五道沟村距离蓉花山镇有2.5公里，"村村通"的公路显然没有通到这里来，我们的车驶过了一条又一条的泥泞小路后，一道雄伟的高墙出现在眼前，墙高有7米，全部用大块的条石砌成。给我们带路的蓉花山镇文化站站长邵士瑞说："这就是长隆德，这样的高墙有3000多延长米。"

冲南面的土路上，开了一扇铁门，邵站长拿出钥匙，打开了铁链锁着的大门。这个大门是后来开的，原来庄园的门冲西开，门在长长的高墙与炮楼之间。高墙有一部分在上面开了几个窗户，邵站长说，这也是后来人开的，原来这堵墙是密不透风的。炮楼上面有枪眼，被后来的人堵死了。炮楼有两间房大小，里面有农村用的大锅，曾经做过饭。

邵站长说的后来的人，大概是指五道沟村委会和五道沟小学。

这座庄园之所以能保存如此完好，与庄园后来的用途是分不开的，这里长时间作为五道沟村委会和村小学所在地。

从大门进去，便是一个完整的院落，四合院之后，又见另一个四合院，从侧门出去，又会见到一个新的院落，参观时会有种层次错落的感觉，走来走去，竟忘记了哪个院子曾经来过，哪个院子是第一次来。

在院子的后面，有一个巨大的园子，两边用围墙圈起来，这是地主家的后花园。

四合院中间的空地上，有刚刚收获的庄稼。在一栋房子的墙上写着"百年大计教育为本"几个大字，有个屋子的门上写着"一年一班"，一些屋子的门边上有20厘米大的洞口，这是学校在这里时生炉子用的。

"学校在这里占用了很多年，五道沟村的几代孩子都在这里读过书。现在，学校搬走了，村委会也搬走了，这里作为老建筑保护起来了。"邵站长说，现在这里只剩下个供销社还在经营。

遗落在山里的长隆德庄园

在看到高墙第一眼的时候，就看到墙根下有一块石碑，上面刻着"长隆德庄园"几个大字，下面刻的是：市级文物保护单位。这个碑石镌刻的时间是1993年3月10日。从那时起，学校就搬走了。

在僻静的山里，这座庄园真是一处宏伟的所在，有种气势恢宏之感。

在庄园的墙上挂着一块铜匾，上面记载着这个庄园始建于1860年，即清咸丰十年，占地约70亩，房屋220间，现存68间，是现今东北地区保存较为完好的地主庄园。

据说当年庄园共有八个大院，现在只剩下四个，每个大院中有三个小院。院子的四角各有炮楼和瞭望台，现在也只剩下一个了。这么多的房间走起来让人眼花缭乱，你记不清哪个房间是已经参观过的，哪个房间是第一次进去。68个房间参观过后，我们甚至画不出整个院子的轮廓。

这座庄园已经存在一个半世纪多了。它的主人早已长眠于地下，而建筑却在这片土地上活了下来。

青砖黛瓦，飞檐斗拱

巧夺天工的精细设计，是庄园给我们难忘的印象。据介绍，这个大院是典型的辽南民居风格，但我们却未在辽南见到过类似建筑；又有人说，这是典型的山西民居建筑风格，与闻名海内外的山西乔家大院十分类似，因为大院的主人就是从山西过来的；还有人说，这是山东民居的风格，因为当年地主请了山东的工匠来建造大院。

我想，在人类历史几千年的传承中，建筑师们一直没有停止他们创新与探索的脚步，这个大院的建筑大概也综合了多地的建筑风格。

在秋阳的映照下，大院里的一块块砖瓦、一根根檩梁依然显得温暖而祥和。让我们细细品味庄园留给我们的文化符号与风格感受。

先从这让人惊讶的条石说起吧。一块块长条石是我们在今天的建筑市场上难得一见的，一般的长条石长有两三米，最长的有4米多，2吨重。据说这些条石全部取自庄河北部山区。庄河北部蓉花山、仙人洞、太平岭三镇的交界处有一个土门子山，山上盛产花岗岩。当地文化部门考证的结果是，仅一根大条石就要用九匹马拉，耗资二两银子。整个大院用了多少条石，没有人数过，也数不过来。除了墙上，地面也都是用这样大的花岗岩条石铺就的，

飞檐斗拱

石刻砖雕

后来，一些条石被当地的农民移到了自家的院子里，这里露出了土，就成了后来人的菜地。

一根根条石就那么叠错着垒上去，石头与石头间有很细小的缝隙，据说石缝间是用糯米做填缝剂的。当时，这里还没有水泥。

更让人叫绝的是房上的飞檐斗拱、墙上的石刻砖雕，还有窗户上的精雕纹理。

每一栋房屋都有长长的大檐，像没有缺口的雨搭，遮掩着下面行走的人。在辽南民居中，我没有见到过这样的大檐房屋。从房檐的下面，可以看见粗重的檩木。"房子的木料全部是从长白山区运来的，都是上等的红松料。最粗的柁直径有1米左右，有六七米长。"这么重的木料是怎么从遥远的长白山运到庄河山区的？邵站长又跟我们讲述了当地考证的结果："它们是由松花江放排到鸭绿江，又由鸭绿江放排到了庄河，再由纤夫顺庄河逆流而上，经太平岭一路来到五道沟。所有的木料没有一颗钉子，用榫卯方式固定在一起。"

大院的窗户大都已经换掉了，只有少数的窗户还保留了古典的中式窗户的风格。窗户上面有一段大约60厘米高的隔断，民间也叫"上亮"，还保留着原始的样子。每个上亮都是由错落有致的中国格组成，细看格子的纹理，都不相同，可以看出主人的独出心裁与拒绝千篇一律的秉性。

东北民居的窗户一般都很小，大概与这里寒冷的气候有关。但这个大院房屋的窗户却占据了整面墙，窗户与窗户间不是砖墙，而是用粗重的木料隔开。

在清代，没有玻璃，窗户格子中间是用透光的纸糊的，民谚有"窗户纸一捅就破"的说法，长隆德庄园中这种整面窗户的建筑设计大概是从采光方面考虑的。

说到这里，又想起这个大院的多个关于风格方面的说法，感觉哪一种都不靠谱。就像有人说曹雪芹当年写《红楼梦》时没有想过今人会有那么多靠研究"红学"生存一样，大院的主人在当年建筑过程中也一定没有想到关于风格的问题会引起后人的争议。

蓉花山镇的有关领导和庄河有关人士更愿意相信这是一栋山西风格的民居，他们把它说成是庄河的"乔家大院"。

抢救保护，刻不容缓

穿过树丛，我们走到院子的后面，远处一座山正好对着这个大院，像神一样岿然不动，这座山叫小孤山。在它的旁边，有一座与其形状相同的大山，叫大孤山。

山在后面，房子在前面，再往前，有一道水系把二者半围了起来，据说，风水先生把这里奉为上等风水。

穿过后花园密密的树丛，我们试图寻找到一个更好的位置来一窥大院的全貌，邵站长说，除非爬到小孤山上面。但是当时天色已晚，即使爬到山上，太阳估计也"下班"了。我们只能爬到后花园的墙上。

从墙上俯瞰，大院的西面还有一些被围墙隔在了外面的房子，那些也曾是大院的一部分。那里有两处住着人家，有一处是当地供销社所在地。供销社承包给了当地农户，经营者在墙外罩起了塑料大棚，人坐在门口，就像青菜长在大棚里，暖洋洋的。

大棚里坐着一位老者，叫梁作福，老人出生于1935年。看到我们端着相机进来拍摄挂在墙上的重点保护建筑铜匾，老人家说："这个房子再这么放下去就完了，来过好几拨人拍照了，也没见有啥动作。"老人家从出生就在这里生活，目睹这个大院从当年最好的房子变成最旧的房子。

从院子里看过去，房屋的窗户已经换

房屋内部

长隆德庄园

典型的中式窗户，由错落有致的中国格组成

成了新的，只有房子的框架还能看出是大院的一部分。另一户农家在自家的院门口盖起了耳房，里面存放着农具。

一处房屋的檩木已经烂了，木头的里面已经空了，邵站长很惋惜："再不保护修缮，要付出的代价就大了。"

自从1993年被列为文物保护单位起，这座大院多半时间是这样寂寞地待着，当年喧闹的校园变得寂静而孤独。

地主家的后人

从长隆德庄园回来，我几夜没有睡好，参观过多个古建筑，尤其是在华东一带，一个又一个古院落，在导游的巧舌下，一个个并不算远古的家族故事被南来北往的游客带走。而长隆德庄园，这个长眠于庄河北部山区的大院，其恢宏的气势，巧夺天工的设计丝毫不亚于我见过的其他古建筑，而它主人的故事，却湮没在历史的长河中。

谁能说得清这个叫作"长隆德"的地主庄园的前世今生？那些见证过它的兴衰的人现在何处？

这座庄园的主人是谁？有没有后人还在这里居住？这大概是每一个来到庄园的人最想知道的事情。

邵站长给我们介绍了一个叫李惠胜的老人。

李惠胜，出生在1940年，脸上写满岁月的沧桑，但是走起路来腰板倍儿直，从后面看，说是年轻人准有人信。

推开李惠胜家的门，一个普普通通的农家，地面是阴湿的黑土，屋子里很暗，李惠胜半躺在炕上。听说我们是来了解长隆德庄园的故事，他动作麻利地起了身。

李惠胜算不算是地主的直系后代呢？这个不能算。"长隆德庄园最后的主人叫李安仁，也就是末代地主了。"李惠胜向上推到第七代，才能与地主攀上同祖。但是，李惠胜是现有的老李家后代中唯一能说清楚祖上来历的人。

那个末代地主李安仁的儿子也生活在这个村子里，但是，他只知道自己的父亲是末代地主，在土改时被活活打死，这给他的一生带来巨大的影响。这个叫李惠济的地主后代只生了女儿，没有儿子，李家的故事随着女儿的外嫁而不再有人提起。

李安仁在辈分上是李惠胜的长辈，早年好赌，几代人攒下的家业在李安仁的手里已经所剩无几。到了破产边缘的李安仁又赶上了土改，由于下面

落寞庄园，又有谁能说清它的前世今生

执行政策的偏差，在"消灭地主阶级"政策指引下，贫下中农按照"消灭地主"来执行，竟将已经瘦骨嶙峋的地主李安仁打死了。打死李安仁的那天，李惠胜看到了，在哪里打的，谁打的，怎么死的，他都知道。其实当时的李安仁由于长年抽大烟，本来已经皮包骨头了，这么一打，很快就咽气了。

对李家历史的讲述，落在了李惠胜的头上。蓉花山镇政府曾经拿着笔纸去拜访李惠胜，让他写写老李家的故事。毕竟，李惠胜也是在这个庄园里出生的。

乾隆年间，李家两兄弟来到庄河

李惠胜的讲述是有依据的，按照李家的传统，家传不是传给长子，而是传给四子。李惠胜排行老四，他的大爷就把李家的家传手把手地传给了他，通过口口相传，关于李家的家谱、家训、祖坟，李惠胜从小就熟稔于心。李家家谱中对这座庄园的由来、兴旺和没落的原因、年代等记录得特别清楚。李氏第十代传人李贵仁像教书一样教李惠胜背家谱，指认祖坟的位置，以及每个坟头埋的老祖宗的名字。

李惠胜的讲述是从李贵仁那里转述来的。李贵仁是李惠胜的伯父。

最早落脚在庄河蓉花山镇五道沟村的是李家先祖李大荣、李大贵哥儿俩。"那是哪一年的事现已无法考证。我听伯父讲，李大荣、李大贵哥儿俩从山西徐沟县张华营来到五道沟。当年他们哥儿俩不甘心在家乡守业，千里迢迢随山东闯关东的人一起漂洋过海来到庄河太平岭青林屯。"李惠胜说不清具体在哪一年，但可以说清的是在清朝乾隆年间。随李大荣、李大贵当年一起闯出去的还有另一个兄弟，走到旅顺时丢失了，哥儿俩就一路找到庄河。庄河当年叫红崖子，归岫岩管辖。

哥儿俩在一个大车店里住了下来。由于没有生活来源，他们帮大车店的掌柜打工，后来哥儿俩在打工过程中为掌柜提了很多合理的建议，并且勤劳肯干，大车店生意红火，掌柜十分赏识他们。

当年，太平岭一带是海湾，南北去大连、丹东、山东的客商都在此歇脚。李惠胜后来到庄河读书，途经太平岭时都会回忆起先祖当年的情景。

大车店掌柜给哥儿俩出了个主意，在附近占地，称占产户。有了老掌柜的资助，哥儿俩有了自己的事业。他们开始经营车马店和杂货铺，还招揽从山东来的逃荒者。李家哥儿俩以晋商特有的精明很快就把生意做得红红火火。刚开始时，他们把地租给闯关东来的人，前三年佃户只开荒不交租，三年后生地变成了熟地，老东家开始收租。哥儿俩很快成为这一带最大的占产户。

山东来的人喜欢喝酒，加上当地冬天寒冷，酒能御寒，李大贵就到海城学习酿酒。这一学就是三年。

这时，李大荣、李大贵兄弟俩开始筹划找一块风水好的地方盖房子。这里是山东一个风水先生给选的，后面是山，前面是水，附近还有温泉，是个难得的风水宝地。

"最早盖的房子很小，就在这个大院的后面。李家几代人都没舍得拆掉它。"李惠胜说，"李大荣后来在这个老房子的前面筹划着盖个像样点的房子，这就是今天这个大院的雏形。"李大荣发展起来后开始想念起弟弟李大贵，便去海城寻找。李大贵变卖了在海城的家产，回来在李大荣的西面盖起了"后大屋"、正房、西厢房，后来又盖了前院、四合院，房屋结构与东院哥哥的相同，并在西院盖了家庙。

孙子辈完善大院

李惠胜说，哥儿俩盖起了大院后，就与儿孙们商量给大院起个名字，叫"和长隆"，即哥儿俩和睦能长久地兴隆之意。当年的李大荣、李大贵哥儿俩是远近闻名的富豪，他们把闯关东来的手艺人集中起来，形成产业，今天，蓉花山镇远近闻名的丝绸业就是从这个时候开始的。

当年，他们的养蚕业已经发展到宽甸，在宽甸的深山里放蚕种。今天，宽甸的养蚕业发达盖与此相关。

当年，李家的产业从养蚕业、丝绸业、手工编织业到建筑材料、车马农具和生活用品，产业多元化程度非今天的富豪所能比。

"民间有一种说法，李家人出门，从大连到丹东，到赤峰，到烟台，到内蒙古，方圆几千里，都不用喝别人家的水，吃别人家的饭，住别人家的店，这一路，全有李家的店铺。他们还在所到之处开起了票号，其产业之大

长隆德庄园

庄园一角

难以想象。"李惠胜讲述说，李家真正的发达是从李氏兄弟孙子辈开始的，这大院也是在孙子辈完善起来的。那时，大概是咸丰十年，即1860年，那时李家孙子辈也已年过半百。

"到李家曾孙辈，也就是我太爷那一辈，两个大院合并了，我这一支人迁出了大院。"李惠胜的太爷叫李澎龄，他因经营不善将大院卖给了李大贵曾孙李九龄经营，李家这支人开始出来行医。李九龄坐拥东西两个大院，大院正式启用"长隆德庄园"之名。李九龄时代已至清朝末年，在他的手里，长隆德庄园修了高7米的外墙，四面都修了炮台，据说，当时炮手就有40多人，家丁几百人。李九龄在完善了长隆德庄园后，又在四道沟建了"长隆义"，他的兄弟李元龄修了"长隆功"，后来，这两处大院都被拆除了。长隆德庄园的主人李九龄在民国初年去世。

长隆德庄园最鼎盛的时期是李九龄的儿子李苣臣时期。

据传，李苣臣聪明过人，每年外出收租，从来不用带纸笔，仅凭脑袋记忆，就能把东至丹东，西至营口、赤峰的几百家商号、几千亩土地的账目记得清清楚楚。如果有哪个佃户算盘打得不对，他一掐手指，就全知道了。因此，谁也不敢糊弄他。

李家不是为富不仁的人，他们一面搞经营，还一面做慈善。李惠胜说，在仙人洞庙的功德碑上至今还有李家的捐赠记录。

1902年，李苣臣让儿子李安仁开了私塾，除了教自己的子女读书外，还免费接收邻家的子女读书，当时，李惠胜的伯父李贵仁任教师。

李安仁接手家业的时候，已是民国时期。李安仁可没父辈那么聪明，赶上灾荒年头还放租给穷人，家业逐渐败落。而且李安仁好赌，并染上吸毒的恶习，遍布大江南北的店铺一个个化为乌有。据说，到新中国成立时，这个大院里的房子已经被典当得差不多了。

尽管家业已经败落，但李安仁依然是地主，土改时，他依然没有逃脱厄运。

现在，留在庄河蓉花山的李安仁的后人只有李惠济了。

李安仁的女儿解放后在大连水产学院（今大连海洋大学）任教。

卖了大院的李家后人

据李惠胜讲述，他的太爷李澎龄把东院卖给了李九龄后，便一心行医，经营药店，药店取名太和堂。按照李家的规矩，家传只传给四子，李澎龄的四子李圣臣继承了父业行医，把太和堂改名为保和堂。李圣臣的家业做得很大，还多次去日本行医。李圣臣的儿子也大都行医。至今，李家还有后人在行医。李惠胜没有继承祖业，而他的弟弟在庄河康复医院是有名的老中医。

李澎龄的六个儿子中，老大在仙人洞也修过一个大院，叫长盛德，后来被拆除了。

磨道里一坛金子的传说

在蓉花山镇民间有一个流传很广的传说，说李大荣、李大贵哥儿俩当年在劳作中发现了一坛金子，随后就发了家。这个故事越传越广，很多人都以为是真的，连李家的后人也半信半疑。

李惠胜在从李贵仁那里继承家传时，问："大爷，我听说咱家老祖宗当年用驴推磨，驴在磨道里走着走着，脚下踩到了一个东西，老祖宗低头一看，是一坛金子。这到底是不是真的？"李贵仁慢条斯理地说："孩子，这是富人糊弄穷人的一种借口。他们担心穷人嫉妒，就编个神奇的故事，让穷人相信这是命。你想想，天上能掉馅饼吗？"李惠胜从小就领会了这个故事，知道了劳动创造价值的简单道理，即使像李家老祖宗有这么大的产业也是靠劳动创造的。

一个农村女作家

张淑清是庄河农村的一位民间女作家，她说自己是地道的农民，但是这个农民在几年时间里却做了一件了不起的大事，她用三年时间，写了55万字关于长隆德庄园的故事。

张淑清的长隆德庄园的故事主要采用纪实的笔法，其中有很多有血有肉的故事情节。李家历代地主都是三妻四妾的，那些发生在大院里"大红灯笼高高挂"的故事在张淑清的笔下升腾起来。

笔者没能拜读张淑清的长隆德庄园的故事，但是，想必长隆德庄园与李家延续200多年的故事必定精彩。

文/宋京

后　记

一晃，十年，悄悄而过！

这句感叹，是在跟本书的责编沟通再写一个后记时，老记们心中集体的声音。

是的，真快，十年过去了，至今还记得2012年，我们这群《大连晚报》的小记们第一次把书稿打包发给出版社时的兴奋与期待。如今，小记们都已经迈进40岁的中年门槛，小记变成老记了，当年一起写作时的大连晚报社棒棰岛新闻周刊团队成员，现在因为工作的关系，各自远行，开拓新的空间。所以如今，《居所寻旧·大连老建筑》得以以新面貌再次与读者见面时，我们决定给这个团队起一个共同拥有的笔名"晚述"，晚是晚报的晚，述是讲述的意思，它代表我们十位主创：薛丽丽、刘爱军、宋京、魏东平、谭可歆、周媛、杨鹏、林芝、王玲、马蓉。

此次出版，书中的大部分摄影图片延用了2012年《静像·大连老建筑》中的图片，由高强和李传报提供，书中历史照片选自《大连百年风云图录》。十年过去了，这些老建筑有的经过大修焕发新貌，有的经历了岁月的磨砺，愈发沧桑厚重，所以，我们补拍了它们现在的样子，既是记录，也是延续。补拍的照片由林霖提供，在这里一并感谢！

尺短情长，来日待续。书中不足与未尽，都可交流探讨。此心常在！

作　者